AI와 데이터

AI문고

인공지능 시대입니다. 기계가 인간의 인지를 대신하고, 사물이 인간을 통하지 않고 다른 사물과 직접 커뮤니케이션합니다. 이에 따른 인간 삶과 문명 변화를 정확히 이해·예측·대응하는 것은 이 시대 우리 모두의 과제입니다. AI문고는 인공지능 기술과 환경의 여러 주제를 10가지 키워드로 정리합니다. 관련 개념과 이론, 학계와 산업계의 쟁점, 우리 일상의 변화를 다룹니다. 인간과 기술의 현재, 미래를 세심히 분석합니다.

일러두기

- 인명, 작품명, 저서명, 개념어 등은 한글과 함께 괄호 안에 해당 국가의 원어를 병기했습니다.
- 외래어 표기는 현행 어문규정의 외래어표기법을 따랐습니다.

처음이세요?

전문가세요?

AI와 데이터

정용찬

대한민국, 서울, 커뮤니케이션북스, 2025

AI와 데이터

지은이 정용찬
펴낸이 박영률

초판 1쇄 펴낸날 2025년 9월 30일

커뮤니케이션북스(주)
출판 등록 2007년 8월 17일 제313-2007-000166호
02880 서울시 성북구 성북로 5-11
전화(02) 7474 001, 팩스(02) 736 5047
commbooks@commbooks.com
www.commbooks.com

ISBN 979-11-430-1003-2 03500

책값은 뒤표지에 표시되어 있습니다.

차례

AI와 데이터는 바늘과 실

"데이터가 지배하는 세상." SF 영화에 큰 영향을 끼친 일본 애니메이션 〈공각기동대〉는 서기 2029년을 이렇게 표현한다. 인간의 뇌와 컴퓨터가 결합해 데이터를 주고받는 기계 인간이 활약하는 세상이기 때문이다. 사이보그인 주인공은 언제 어디서나 실시간으로 전송받은 정보를 이용해 사건을 해결한다. 인공지능 로봇이 문제를 풀어 나가는 데 데이터가 필수적이라는 사실을 1989년에 출간한 만화가 정확하게 예측하고 있다는 것은 놀랄 만하다.

빅데이터의 등장으로 데이터는 산업 시대의 석유만큼 중요한 자원으로 부상했다. 알파고의 출현으로 인공지능의 능력이 주목을 받으면서 학습을 위한 원천인 데이터의 중요성이 더욱 강조되고 있다. 챗GPT 같은 생성형 인공지능은 성능이 획기적으로 개선되었는데 여기에는 학습 데이터의 양을 대폭 증가시킨 데 힘입은 바 크다. 선도 기업이 인공지능의 성능 향상을 위한 데이터의 확보에 사활을 걸고 있는 이유도 여기에 있다.

산업계에서는 인공지능 학습용 데이터의 고갈 문제를 이미 예고하고 있으며, 인위적으로 생산하는 합성 데이터가 주목을 받고 있다. 인공지능의 발전 역사에서 두 번의 겨울(침체기)을 겪었는데, 만약 세 번째 겨울이 온다면 이는 전력이나 GPU(그래픽 처리 장치) 부족 문제가 아니라 데이터 부족 때문일 것이라는 예상이 지배적이다. 최근 과학기술정보통신부가 선언한 데이터 중심 인공지능(Data-Driven AI)은 이러한 트렌드를 반영한 결과라 할 수 있다. 데이터 확보를 위한 경쟁은 기업뿐 아니라 국가 생존권 확보 차원에서 전개되고 있는 것이다.

왜 AI와 데이터인가

인공지능과 데이터는 동전의 양면처럼, 바늘과 실처럼 떼려야 뗄 수 없는 관계다. 챗GPT의 개발 사례에서 학습 데이터의 양이 AI 개발의 핵심 요소임이 입증되자 데이터의 중요성이 더욱 강조되고 있기 때문이다. AI는 데이터를 통해 성능이 향상된다. 어떤 데이터로 학습하는가에 따라 고품질의 답변이 나올 수 있고, 편향된 결과를 내놓을 수도 있다.

이 책은 AI와 데이터의 관계를 다양한 사례를 활용해 설명한다. 데이터 중심 AI의 개념을 살펴보고, AI 학습용 데이터와 AI 학습 데이터 품질 관리를 소개한다. 또한 생성형 AI 데이터 품질 관리와 생성형 AI 데이터 보안에 대해서도 학습한다. 최근 데이터 부족 문제 해결을 위한 대안으로 부상하고 있는 합성 데이터의 개념과 생성 과정을 확인하고, AI 데이터 센터에 대해서도 알아본다. 주요국의 AI 국가 전략에서 데이터 전략은 어떠한지를 살펴보고, 「AI 기본법」과 데이터의 관계도 확인한다. 이 책을 통해 AI 정책을 담당하는 공무원과 공공 기관, 연구자는 물론 일반인들도 인공지능과 데이터의 관계를 쉽게 이해할 수 있을 것으로 기대한다.

AI와 데이터를 구성하는 10가지 주제

이 책은 인공지능과 데이터 간의 관계를 이해하기 위한 10개의 키워드로 'AI와 데이터', '데이터 중심 AI', 'AI 학습용 데이터', 'AI 학습 데이터 품질 관리', '생성형 AI 데이터 품질 관리', '생성형 AI 데이터 보안', 'AI와 합성 데이터', 'AI 데이터 센터', 'AI 국가 전략과 데이터', '「AI 기본법」과 데이터'를 선정했다.

초기의 인공지능은 데이터와 관련이 없는 것처럼 보였다. 1950년대에 탄생한 로봇 거북 엘시(Elsie)나 1960년대 말의 인지 로봇 셰이키(Shakey)는 목표물을 찾아 이동하는 단순한 기능만 지녔기 때문이다. 1997년 인간 체스 챔피언을 물리친 인공지능 딥 블루(Deep Blue)가 70만 개 이상의 대국 정보에 기초해 다음 수를 결정했다는 사실에서 데이터의 중요성을 자각하기 시작했고, 결정적으로 2016년 이세돌 9단과 바둑 대결에서 이긴 알파고가 머신 러닝을 통해 16만 개에 달하는 기보를 공부했다는 사실에 사람들은 인공지능의 성능을 좌우하는 양질의 데이터의 중요성에 주목했다. 인간이 학습하며 지적 능력을 키워 가듯, 인공지능도 데이터와 정보를 이용해 성능을 향상하기 때문에 1장에서는 데이터 유형과 인공지능의 관계에 대해 설명한다.

2장은 데이터 중심 AI를 소개했다. 생성형 인공지능의 등장은 인공지능에서 데이터의 중요성이 부각되는 중요한 계기가 되었는데, 데이터 중심 인공지능(Data-Centric AI)은 기존의 모델 중심 인공지능(Model-Centric AI)과 확연히 구분되는 새로운 접근 방법으로 인공지능의 성능 향상에서 획기적인 진보를 가져온 개념이다. 데이터의 양을 획기적으로 늘리는 방식으로 생성형 인공지능의 성능 개선이 입증되었다. 2장에서는 인공지능의 짧은 역사를 통해 인공지능이 세 번째 겨울(침체기)을 맞이한다면 이는 데이터 부족 때문일 것이라는 예상에 대해 살펴본다.

인공지능의 성능을 향상하는 데 활용하는 데이터를 AI 학습용 데이터라고 부른다. 3장에서는 AI 학습용 데이터의 정의와 특징을 알아본다. 인공지능을 학습시키는 방법론인 머신 러닝은 지도 학습, 비지도 학습, 강화 학습으로 구분할 수 있는데, 각각의 기법에 따라 학습 목적과 학습 방법, 데이터 구조, 학습 데이터에서 차이를 보인다. 지도 학습이란 정답이 있는 데이터로 학습을 시키는 것을 의미하고, 비지도 학습은 지도 학습과 달리 정답이 없는 데이터로 학습을 시키는 것을 의미한다. 강화 학습은 컴퓨터가 주어진 상태에 대해 최적의 행동을 선택하는 학습 방법을 말하는데, 학습 과정에서 지도를 받기 때문에 지도 학습으로 분류하기도 하지만 학습 모델을 구현하는 방식이 지도 학습과는 차이를 보여 독립적으로 분류하기도 한다. 3장에서는 지도 학습과 비지도 학습, 강화 학습의 차이를 학습 데이터의 관점에서 비교해 본다.

AI 학습 데이터 구축 과정은 데이터의 생애 주기와 밀접하게 관련되어 있는데, 데이터가 생산되고 가공되어 학습에 활용되기까지의 과정별로 필요한 처리가 취해진다는 것을 의미한다. AI 학습 데이터는 구축 계획 수립,

데이터 획득 · 수집, 데이터 정제, 데이터 가공, 데이터 학습 순서로 반복해 진행된다. 인공지능 학습 데이터는 인공지능의 성능 향상을 위한 필수 자원이므로 데이터의 품질이 매우 중요하다. 인공지능 학습 데이터 품질 관리는 데이터 생애 주기에 따라 준비 · 계획 단계, 구축 단계, 운영 · 활용 단계로 나누는데, 품질 관리 범위는 구축 프로세스 품질 관리, 구축 데이터 품질 관리, 개방 데이터 품질 관리로 구분한다. 4장에서는 인공지능 학습 데이터 구축 과정과 품질 관리 과정에 대해 소개한다.

5장은 생성형 AI 데이터 품질 관리에 대해 다룬다. 생성형 AI 데이터는 매개 변수가 GPT-3의 경우 1750억 개, GPT-4는 1조 개 이상으로 구성된 생성형 AI 모델을 학습시키기 위해 수십억에서 수백억 단어로 구성된 대규모 학습용 데이터로, 멀티모달 학습을 위한 이미지 캡션, 음성 등 다양한 유형의 데이터를 포함하고 있다. 사전 학습된 기반 모델을 대상으로 특정 임무 수행과 성능 향상을 위해 미세 조정과 강화 학습을 수행하도록 구축된 데이터라는 특징을 가지고 있지만, 데이터 품질 관리는 AI 학습용 데이터 품질 관리의 경우와 동일하게 준비 · 계획 단계, 구축 단계, 운영 · 활용 단계로 구분하며, 품질 관리 범위도 구축 프로세스 품질 관리, 구축 데이터 품질 관리, 개방 데이터 품질 관리로 동일하게 구분한다.

6장은 생성형 AI 데이터의 보안에 대해 알아본다. 생성형 AI 기술은 이미지, 비디오, 오디오, 텍스트 등 다양한 유형의 대규모 데이터를 학습하는 과정이 필수기 때문에 우수한 성능을 기대할 수 있지만, 보안 측면에서도 다양한 위험이 존재한다. 생성형 AI 기술의 대표적인 보안 위협으로는 잘못된 정보, AI 모델 악용, 유사 AI 모델 서비스 빙자, 데이터 유출, 플러그인 취약점, 확장 프로그램 취약점, API 취약점 등이 존재한다.

합성 데이터(Synthetic Data)란 특정 목적을 위해 원본 데이터의 형식과 구조 및 통계적 분포 특성과 패턴을 학습해 생성한 모의(simulated) 또는 가상(artificial) 데이터를 말한다. 합성 데이터는 원본 데이터의 개인 식별 정보나 민감 정보를 외부에 노출하지 않아 개인정보 이슈를 해결하는 방법으로 활용되고 있으며, 데이터 부족 문제를 해결할 수 있는 대안이다. 7장에서는 합성 데이터의 정의와 유형, 합성 데이터의 생성 절차, 합성 데이터의 활용과 한계에 대해 학습한다.

8장은 AI와 데이터 센터 이슈를 다룬다. AI 데이터 센터란 AI 애플리케이션과 서비스를 학습, 배포, 제공하는 데 필요한 IT 인프라를 갖춘 시설로, AI 업무를 처리할 수 있는 고성능 컴퓨팅, 네트워크, 스토리지와 에너지 및 냉각 기능을 갖추고 있다. AI 데이터 센터는 AI 모델 학습과 추론을 목적으로 대규모 병렬 처리와 딥 러닝 연산이 필요하므로 GPU와 TPU(텐서 처리 장치) 등 고성능 가속기로 구성되어 있어 전력 소모와 발열이 데이터 센터에 비해 많고, 네트워크 인프라도 초고속 데이터 전송용으로 설계되어 있다. 8장에서는 데이터 센터와 AI 데이터 센터의 비교를 통해 둘 간의 차이를 학습한다.

미국, 중국 등 주요국은 AI 국가 전략을 통해 주도권 확보에 사활을 걸고 있으며, AI 데이터 인프라 확충에 노력하고 있다. 중국은 공공 데이터 개방과 거래소를 통한 데이터 유통 활성화로 AI 강국으로 도약했으며, 일본은 AI 개발 기반의 육성과 강화를 위한 데이터 자원의 집적과 제휴를 강조하고 있다. 한국도 AI 3대 강국 도약을 위해 공공 데이터 전면 개방, AI 학습용 데이터 구축 확대, 기업 맞춤형 데이터 활용 지원에 역점을 두고 있다. 9장에서는 주요국의 AI 국가 전략 중에서 데이터 전략을 중점적으로 살펴본다.

10장은 「AI 기본법」과 데이터의 관계를 살펴본다. 인공지능 산업의 발전을 지원할 근거와 기준을 명시한 「인공지능 발전과 신뢰 기반 조성 등에 관한 기본법」 중 데이터와 직접적으로 관련된 조항인 생성형 인공지능(제2조), 인공지능 학습용 데이터(제15조), 인공지능 데이터센터(제25조) 내용을 통해 인공지능과 데이터의 관계에 대해 학습한다.

역사학자 유발 하라리는 《호모 데우스》에서 데이터 때문에 인류가 파멸할 수 있다고 경고한다. 데이터 종교를 신봉하는 데이터 교도들은 인간이 더 이상 막대한 데이터를 감당할 수 없기 때문에 데이터에서 정보를 추출하는 일을 인공지능에게 맡기게 될 것이라고 설명한다. 데이터 교도들이 인간의 판단 대신 빅데이터와 알고리즘을 신뢰하게 되면 사회 전체가 데이터 처리 시스템에 지배되고, 효율성이 떨어지는 인간은 동물들이 멸종된 것처럼 "세차게 흐르는 강물에 빠진 흙덩이처럼 데이터 급류에 휩쓸려 흩어질 것"이라고 예견한다. 조지 오웰도 《1984》에서 정부가 발표한 정책은 오류가 없는 진실이어야 하기 때문에 담당 부처인 '진리부'가 과거에 정부가 발표한 물가와 생산량 등 각종 통계 수치와 데이터를 고치는 암울한 미래를 그리고 있다. 이 책을 통해 인간을 위한 인공지능의 발전에 기여하는 데이터는 어떤 모습이어야 하는지에 대해 생각해 보는 계기가 되기를 희망한다.

01
AI와 데이터

초기의 인공지능은 데이터와 크게 관계되지 않는 것처럼 보였다. 이세돌 9단과 바둑 대결에서 완승한 알파고가 머신 러닝을 통해 16만 개에 달하는 기보를 공부했다는 사실은 인공지능에서 데이터의 중요성을 널리 알리는 계기가 되었다. 인공지능이 특정 분야에서 능력을 발휘하려면 얼마나 많은 양의 지식을 학습했는지가 핵심 요소다.

기후 위기와 인공지능?

인공지능과 데이터

인공지능(AI, Artificial Intelligence)이란 '인간의 지적 능력을 컴퓨터로 구현하는 과학 기술로, 상황을 인지하고, 이성적 · 논리적으로 판단 · 행동하며, 감성적 · 창의적인 기능을 수행하는 능력'을 말한다(관계부처 합동, 2020).

인공지능이라는 용어는 1956년 미국 뉴햄프셔주 다트머스 대학에서 열린 작은 학술회의에서 만들어졌다(Brighton, 2012/2021). 초기의 인공지능은 데이터와 크게 관계되지 않는 것처럼 보였다. 1950년대 영국의 그레이 월터(Grey Walter)가 만든 로봇 거북 엘시(Elsie)나 1960년대 말 스탠퍼드 연구소에서 만든 인지 로봇 셰이키는 목표물을 찾아 이동하는 단순한 기능만 지녔기 때문에 데이터와는 관련이 없는 것처럼 보였다.

IBM이 만든 인공지능 딥 블루가 1997년 세계 체스 챔피언인 카스파로프(Garry Kasparov)를 이겼을 때도 사람들은 1초당 2억 번의 체스 말의 위치를 계산할 수 있는 인공지능의 연산 능력에 주목했다. 딥 블루는 70만 개 이상의 대국 정보에 기초해 체스에서 둘 수 있는 가능한 모든 경우의 수를 계산해서 다음 수를 결정했는데, 체스 프로 기사들이 보통 10수 앞을 내다보는 데 반해 딥 블루는 12수 앞까지 내다봤기 때문에 승리할 수 있었다.

인공지능에서 데이터가 크게 주목받은 것은 인간 챔피언과 대결한 퀴즈 쇼였다. IBM의 인공지능 왓슨(Watson)이 2011년 미국 ABC 방송의 인기 퀴즈 쇼 〈제퍼디〉에 출연해 최다 연승자와 최고 상금왕과 겨뤄 압도적인 점수 차로 이겼을 때, 초당 80조 회 연산 기능 못지않게 15테라바이트의 방대한 메모리에 기초한 언어 인식 능력이 주목을 받았다. 딥 블루도 저장된 기보의 수많은 수를 짧은 시간 안에 검토하고 결정하는 능력을 가졌지만 왓슨은 언어로 구성된 질문을 이해하고 분석해 저장된 지식 정보 안에서 정답을 찾아내야 하기 때문에 체스보다 컴퓨터의 성능이 더 뛰어나야 했다.

2016년 이세돌 9단과 바둑 대결에서 4승 1패로 완승한 알파고가 머신 러닝을 통해 16만 개에 달하는 기보를 공부했다는 사실에 사람들은 인공지능의 학습 능력에 놀랐고, 인공지능의 성능을 좌우하는 양질의 데이터(기보)의 중요성에 주목했다. 인공지능이 특정 분야에서 능력을 발휘하려면 해당 분야에 대한 지식을 학습하는 것이 필요하며, 얼마나 많은 양의 지식을 학습했는지가 인공지능의 성능을 좌우하는 중요한 요소가 되었다. 아이가 태어나면 시각과 청각, 촉각을 이용해 사물을 인식하고, 책 등을 통해 학습하며 지적 능력을 키워 가듯 인공지능 역시 다양한 방식으로 수집된 데이터와 정보를 이용해 성능을 향상하기 때문이다.

데이터 유형과 인공지능

「인공지능 발전과 신뢰 기반 조성 등에 관한 기본법」은 인공지능을 "학습, 추론, 지각, 판단, 언어의 이해 등 인간이 가진 지적 능력을 전자적 방법으로 구현한 것"으로 정의하고 있으며, 「데이터 산업진흥 및 이용촉진에 관한 기본법」은 데이터를 "다양한 부가가치 창출을 위해 관찰, 실험, 조사, 수집 등으로 취득하거나 정보 시스템 및 소프트웨어 등을 통해 생성된 것으로서 광(光) 또는 전자적 방식으로 처리될 수 있는 자료 또는 정보"로 정의하고 있다. 관련 법에서 규정하고 있는 인공지능과 데이터의 정의에서 짐작할 수 있듯 데이터의 유형에 따라 구현되는 인공지능의 형태가 달라진다. 바둑 기보를 학습하면 실력 있는 인공지능 기사가 탄생하고, 일반 상식을 학습하면 퀴즈를 잘 푸는 인공지능이 만들어지는 식이다.

생성형 인공지능(Generative AI)을 통해 데이터와 인공지능의 관계를 명확하게 이해할 수 있다. 생성형 인공지능이란 지시한 명령에 따라 텍스트나 이미지, 동영상

표 1-1. 인공지능과 데이터 정의

구분	정의
인공지능	학습, 추론, 지각, 판단, 언어의 이해 등 인간이 가진 지적 능력을 전자적 방법으로 구현한 것.
인공지능 시스템	다양한 수준의 자율성과 적응성을 가지고 주어진 목표를 위해 실제 및 가상환경에 영향을 미치는 예측, 추천, 결정 등의 결과물을 추론하는 인공지능 기반 시스템.
데이터	다양한 부가가치 창출을 위해 관찰, 실험, 조사, 수집 등으로 취득하거나 정보시스템 및 「소프트웨어 진흥법」 제2조제1호에 따른 소프트웨어 등을 통해 생성된 것으로서 광(光) 또는 전자적 방식으로 처리될 수 있는 자료 또는 정보.

출처: 국가법령정보센터. 「인공지능기본법」, 「데이터산업진흥법」.

등 다양한 유형의 미디어를 생산하는 인공지능 시스템으로, 입력한 훈련용 데이터(Training Data)의 패턴과 구조를 학습한 후, 이와 유사한 특성을 가진 새로운 데이터를 만든다(Wikipidia, 항목 'Industrial AI'). 텍스트를 학습하면 텍스트로 결과물을 제시하고, 이미지를 학습하면 이미지로 결과물을 생성하는 방식이다. 물론 텍스트로 입력하고 음성이나 이미지로 결과물을 출력하는 방식도 가능하다.

텍스트 데이터를 학습해 검색 결과를 제공하는 대표적인 인공지능 서비스로는 오픈AI의 챗GPT(ChatGPT),

표 1-2. 데이터 유형별 인공지능 서비스

구분	인공지능 서비스
문자	챗GPT(ChatGPT): 오픈AI(OpenAI)에서 개발한 GPT를 기반으로 하는 대화형 인공지능 서비스. 제미나이(Gemini):구글의 람다(LaMDA) 모델로 인공지능 검색. 결과를 음성으로도 제공 가능. 퍼플렉시티 AI(Perplexity AI): 자연어 예측 텍스트를 사용해 질문에 답변하는 AI 기반 대화형 검색 엔진. 딥시크(DeepSeek):중국의 오픈 소스형 LLM 인공지능.
이미지, 영상	달리(DALL-E): 자연어(한글, 영어 등)로 명령을 내리면 이미지를 생성하는 오픈AI의 머신 러닝 모델. 텍스트와 이미지 쌍으로 구성된 데이터를 학습하며 120억 개 매개변수로 구성된 GPT-3 활용. 미드저니(Midjourney): 텍스트로 된 설명문을 입력하면 이미지를 생성하는 인공지능 프로그램. 스테이블 디퓨전(Stable Diffusion): 2022년에 출시된 딥러닝, 텍스트-이미지 모델.

출처: 각 사 홈페이지, 위키피디아 자료를 기초로 필자가 재정리.

구글이 개발한 챗봇 제미나이(Gemini), 퍼플렉시티 AI의 퍼플렉시티(Perplexity) 등이 있다. 퍼플렉시티의 경우 무료 서비스는 자사의 독립형 대규모 언어 모델(LLM, Large Language Model)을 사용하지만, 유료 서비스인 퍼플렉시티 프로(Perplexity Pro)는 GPT-4, 클로드 3.5, 미스트랄(Mistral) Large, 라마(LLaMA) 3에 액세스할 수 있는 특징이 있다. 2024년 12월 공개된 중국의 오픈 소스형 대규모 언어 모델 인공지능 딥시크(DeepSeek V3)는 저렴한 개발 비용으로도 고성능의 AI 개발이 가능하다는 사례로 주목받고 있다. 이는 이미 개발된 거대 AI 모델을 이용해 가성비 높은 AI 모델을 개발한 사례인데, 비슷한 시기에 공개한 구글의 제미나이 플래시 2.0(Gemini Flash 2.0)도 이런 유형에 속한다. 챗GPT 서비스의 경우, 텍스트를 입력하면 음성이나 이미지로 결과물을 생성할 수도 있다.

이미지 데이터를 학습해 이미지를 생성하는 인공지능 서비스로는 오픈AI의 달리(DALL-E), 미드저니(Midjourney) 등이 있다. 미드저니의 경우, 만화 제작도 가능한데, 미드저니로 제작된 최초의 만화책 《사이버 펑크 모모타로》가 2023년 일본에서 출간된 사례도 있다.

참고문헌

과학기술정보통신부(2022.4.20). 「데이터 산업진흥 및 이용촉진에 관한 기본법」, https://www.data1window.kr/dbPcyEvlSys/detail?pstSn=72

관계부처 합동(2020.10.12). "'인공지능 강국' 실현을 위한 인공지능 반도체 산업 발전전략", https://dl.nanet.go.kr/detail/NONB12021000008255

국가법령정보센터, https://law.go.kr/

국회 과학 기술정보방송통신위원장(2024). 「인공지능 발전과 신뢰 기반 조성 등에 관한 기본법안」(대안).

국회 의안정보시스템, https://likms.assembly.go.kr/bill/main.do

정용찬(2025). 《AI Index, 인공지능지수》. 커뮤니케이션북스.

Brighton, H.(2012). *Introducing artificial intelligence: A graphic guide*. Icon Books. 정용찬 옮김(2021). 《인공지능 아는 척하기》. 팬덤북스.

Northcutt, C.(2024). MIT DCAI Lecture 1: Data-centric AI vs. Model-centric AI, https://dcai.csail.mit.edu/2024/data-centric-model-centric/data-centric-model-centric.pdf

Wikipedia. 항목 'Industrial artificial intelligence', https://en.wikipedia.org/wiki/Artificial_intelligence_in_industry

02

데이터 중심 AI

생성형 인공지능의 등장은 인공지능에서 데이터의 중요성이 부각되는 중요한 계기가 되었다. 데이터 중심 인공지능은 기존의 모델 중심 인공지능과 확연히 구분되는 새로운 접근 방법으로, 인공지능의 성능 향상에 획기적인 진보를 가져온 개념이다. 데이터 양을 획기적으로 늘리는 방식으로 생성형 인공지능의 성능 개선이 입증되었다.

노래하는 AI 보컬?

AI 겨울과 생성형 AI

미국 뉴햄프셔주의 작은 마을 해노버(Hanover)에는 아이비리그에 속하는 명문 다트머스 대학교가 있다. 1956년 이 대학에서 열린 학술회의에서 인공지능 논의가 처음 시작되었다. 1970년대 들어 AI에 대한 기대감이 점점 높아져 투자가 몰렸지만 생각보다 발전이 더디자 이내 실망에 따른 투자 감소로 1974년 첫 번째 AI 겨울(AI Winter I)을 맞이하게 된다. 인공지능 업계는 1980년 들어 투자 급감 이후의 재도약기를 맞이했지만 또다시 AI 분야 성과 저조에 따라 투자가 감소하는 두 번째 AI 겨울(AI Winter II)을 맞이하는데 이때가 1987년이다.

2000년대 들어 데이터가 폭발적으로 증가하는 이른바 빅데이터 시대를 맞이하면서 방대한 데이터를 활용해 학습 능력을 향상하는 것이 가능해지자 인공지능은 또 한 번 부활의 전기를 맞이하게 된다. IBM의 인공지능 왓슨이 퀴즈 쇼 〈제퍼디〉에서 인간 챔피언을 압도적인 점수 차로 이기자 방대한 규모로 저장된 지식을 활용한 사실이 주목받았다. 2016년 인공지능 알파고가 이세돌 9단을 물리친 것도 16만 개의 기보 데이터를 활용했다는 점에서 데이터의 중요성을 널리 알린 계기였다.

알파고 이후 생성형 인공지능 기술이 발전되면서 AI

표 2-1. 인공지능 부침의 역사와 AI 겨울

시기	명칭	특징
1956	다트머스 회의(Dartmouth Conference)	학술 대회에서 인공지능 논의.
1970~	기대 상승(Inflated Hype)	AI에 대한 높은 기대로 투자 상승.
1974~1980	첫 번째 AI 겨울(AI Winter I)	더딘 AI 발전으로 실망에 따른 투자 감소.
1980~	새 희망기(New Hopes)	투자 급감 이후 재도약기.
1987~1993	두 번째 AI 겨울(AI Winter II)	AI 분야 성과 저조에 따른 투자 급감.
2007	데이터 폭발	데이터의 폭발적 증가로 인공지능 학습 능력 향상.
2020	AI 우려기	AI의 영향력에 대한 우려로 규제 강화.

출처: Francesconi, E(2022). Fig. 1의 내용을 표로 정리.

의 능력이 급속히 향상되자 이에 대한 우려로 규제가 강화되고 있다. 이는 인공지능의 발전 속도가 사람들의 예상을 뛰어넘고 있기 때문이다. AI 기술의 급속한 발전으로 일자리 대체, 알고리즘 편향성, 프라이버시 침해, 딥페이크(Deepfake) 등 AI 기술 악용 등에 대한 우려가 커지고 있다. 특히 최근에는 AI 기반 감시 기술의 확산이

프라이버시 침해 우려를 키우고 있다.

유럽연합(EU)은 2024년 포괄적 AI 규제법인 「EU AI 법(EU AI Act)」을 통과시켰다. 이 법은 AI 시스템의 위험도 수준에 따라 규제 수준을 다르게 적용하고 있다. 우리 정부도 2024년 제정한 「인공지능 발전과 신뢰 기반 조성 등에 관한 기본법」에서 사람의 생명, 신체의 안전 및 기본권에 중대한 영향을 미치거나 위험을 초래할 우려가 있는 "고영향 인공지능"은 사전에 검증과 인증을 받도록 규정하고 있다. 이와 함께 인공지능의 위험으로부터 국민의 생명과 재산을 보호하기 위한 인공지능안전연구소 설립과 인공지능 윤리 원칙 제정과 공표에 대한 조문도 명시하고 있다.

매개 변수와 학습 데이터

인공지능의 성능 향상을 위해 최근 개발 회사들은 매개 변수를 줄이고 학습 데이터를 증가시키는 데 몰두하고 있다. 버트(BERT)의 경우, 매개 변수가 300만 개, 토큰 수가 30억 개 정도였는데, GPT-3는 매개 변수와 토큰 수가 각각 1,750억 개, 3,000억 개에 달했고, 챗GPT-4는 각각 1조 개와 12조 개에 달할 정도로 기하급수적으로 토큰 수가 늘어났다.

표 2-2. 인공지능 모델별 매개 변수와 학습 데이터양

구분	매개 변수 (Parameter)	학습 데이터 (Token)
BERT	300만	30억
GPT-3	1,750억	3,000억
ChatGPT-4	5,000억~1조	12조
GEMINI		4조
Hyper CLOVA X KT 믿음 LG EXAONE	2,000억~5,000억	1조(한글+해외데이터) ~2조
경량화: LLaMA, Claude, MISTRAL	70억~700억, 7,000억	~1.4조
sLLM: Konan, Solar, 바이브GeM	20억~130억	200억

출처: 김동환(2024). 데이터와 AI 이야기:딥 러닝에서 생성형 AI까지. 발표 자료를 기초로 수정 재작성.

글로벌 인공지능 기업과 한국 기업과의 격차는 크다. 하이퍼클로바X(Hyper CLOVA X)의 경우, 토큰 수가 2조 개 정도로 추정되는데, 이마저도 한글 데이터로는 부족해서 영문 데이터까지 추가해 확보했다고 한다. 대규모 인공지능 모델 개발에서 글로벌 기업과 한국 기업의 격차가 크다는 것을 알 수 있다.

데이터 중심 인공지능

생성형 인공지능의 등장은 인공지능에서 데이터의 중요성이 부각되는 중요한 계기가 되었다. 데이터 중심 인공지능(Data-Centric AI, 또는 Data-Driven AI)은 기존의 모델 중심 인공지능(Model-Centric AI)과 확연히 구분되는 새로운 접근 방법으로 인공지능의 성능 향상에서 획기적인 진보를 가져온 개념이다.

모델 중심 인공지능은 데이터를 고정한 상태에서 최상의 모델을 탐색하는 방법이다. 이는 통계적 모형 개발 과정에서도 적용되었던 전통적인 방식인데, 다양한 모델을 적용해 주어진 데이터를 가장 잘 설명하는 모델을 찾는 방식이다. 반면 데이터 중심 인공지능은 모델을 고정한 상태에서 적용 데이터의 양을 늘리거나 변경하는 방식으로 성능을 개선한다.

데이터를 보정하는 방식으로는 특이값 탐지 · 제거(Outlier Detection and Removal), 오차 탐지 · 수정(Error Detection and Correction), 데이터 증강(Data Augmentation), 피처 엔지니어링(Feature Engineering), 액티브 러닝(Active Learning), 커리큘럼 러닝(Curriculum Learning) 등이 있다.

특이값 탐지, 오차 탐지 등의 방법은 전통적인 통계 모

표 2-3. 모델 중심 인공지능과 데이터 중심 인공지능

	모델 중심 인공지능	**데이터 중심 인공지능**
정의	주어진 데이터를 기반으로 최상의 모델 탐색	주어진 모델을 기반으로 데이터의 양을 늘리거나 보정 등의 방법으로 성능 개선.
성능 개선 방법	적용 모델을 변경	적용 데이터를 변경.
방법론	손실 함수(Loss Function) 개선 하이퍼파라미터(Hyper-parameters) 개선	특이값 탐지, 제거 오차 탐지, 수정. 데이터 증강. 피처 엔지니어링(Feature Engineering). 액티브 러닝(Active Learning). 커리큘럼 러닝(Curriculum Learning).

출처: Curtis Northcutt(2024). MIT DCAI Lecture 1: Data-Centric AI vs. Model-Centric AI. pp.5-8.

형 개발에서도 사용하던 방식으로 새로울 것이 없지만 데이터 양을 획기적으로 늘이는 방식은 생성형 인공지능 개발 과정에서 성능 개선이 입증된 사례다. "친칠라 스케일링 법칙(Chinchilla Scaling Law)"으로 알려진 이 방식은 인공지능 모델 훈련에서 작은 데이터로 큰 모델을 훈련하는 것보다 큰 데이터로 작은 모델을 훈련하는 것이 더 효율적인 것이 실증 연구를 통해 입증되었다. 오

표 2-4. 기업의 데이터 부족 사례

기업	사례
AI 기업	번역 서비스 학습용 한글 데이터 부족 해외 데이터 구매. 인도네시아어를 일본어로 번역한 데이터를 구매. 다시 한국어로 전환.
AI 스타트업	투자금 중 40%를 데이터 확보에 사용. 데이터 수집·처리 비용이 기하급수적으로 올라가면서 개발자 인건비나 인프라 비용보다 더 많은 돈을 지불. 저작권 애매한 동영상 텍스트로 전환(Speech to Text) 학습.
AI 뷰티 솔루션	얼굴 정보는 개인정보 문제로 수집 곤란. 공개 데이터 부족. 스타트업 입장에선 데이터 부족으로 사업화 검증(PoC) 단계부터 장벽.
네이버	대규모 AI 하이퍼클로바 X 저작권 문제로 뉴스 학습 중단. 데이터 부족으로 영어 데이터를 사거나 저작권이 애매한 데이터를 파인튜닝 미세 조정용으로 사용.

출처: 아시아경제. 2024. 6. 26. [AI 데이터 고갈 위기] 기사 내용을 정리.

픈AI의 GPT-3는 3천억 개의 토큰(token: 언어 모델에서 분석을 위한 최소 단위로 단어와 유사 개념)을 사용했는데, GPT-4에서는 12조 개의 토큰을 사용해 인공지능의 성능을 획기적으로 개선했다.

데이터 부족과 인공지능의 세 번째 겨울

대규모 인공지능 경쟁에서 가장 중요한 세 요소는 그래픽 처리 장치(GPU), 에너지(전기), 데이터를 꼽을 수 있다. 빠른 연산을 위해 필수적인 그래픽 처리 장치를 마이크로소프트(MS)는 2024년 50여만 장을 구매했고, 우리나라의 경우, 2026년 상반기까지 18,000장 확보를 목표로 하고 있어 격차가 크다.

데이터 확보를 위한 경쟁은 그래픽 처리 장치 경쟁보다 더 심각하다. 업계에서는 AI 학습용 고품질 데이터 부족 현상이 나타나고 있다고 고충을 토로한다. 일부 국내 인공지능 스타트업 기업의 경우, 치솟은 데이터 비용으로 기업 부담이 커져 해외에서 데이터를 구하거나 편법을 동원하기도 한다(최유리, 2024.6.26). AI의 세 번째 겨울이 온다면 데이터 부족 때문일 것이라는 우려도 있다. 인공지능 분야 연구 기관 에포크 AI(Epoch AI)는 2026년부터 AI 학습용 데이터가 소진되기 시작할 것으로 전망한다. 데이터 생성 속도보다 AI 학습 속도 더 빠르기 때문이다. 메타의 최신 모델 라마 3(LLaMA 3)는 15조 개가 넘는 토큰을 학습했는데 GPT-3가 학습한 토큰 수가 3,000억 개였으므로 불과 4년 만에 학습 데이터양이 50배 늘어난 셈이다(최유리, 2024.6.26).

참고문헌

과학기술정보통신부(2022.4.20). 「데이터 산업진흥 및 이용촉진에

관한 기본법」,
https://www.data1window.kr/dbPcyEvlSys/detail?pstSn=72

관계부처 합동(2020.10.12). “‘인공지능 강국’ 실현을 위한 인공지능 도체 산업 발전전략”,
https://dl.nanet.go.kr/detail/NONB12021000008255

국가법령정보센터, https://law.go.kr/

국회 과학 기술정보방송통신위원장(2024). “인공지능 발전과 신뢰 기반 조성 등에 관한 기본법안(대안)”.

국회 의안정보시스템, https://likms.assembly.go.kr/bill/main.do

김동환(2024.5.28). “데이터와 AI 이야기: 딥 러닝에서 생성형 AI까지”. 2024 데이터 중심 AI 가속화 Meet-up 발표자료.
https://www.youtube.com/watch?v=Ow7_jGaNIeA

최유리(2024.6.26). “[AI 데이터 고갈 위기] “2년 후 AI 성장 멈출 수도”… 데이터 절벽 ‘경고’”. 아시아경제,
https://www.asiae.co.kr/article/2024062515565724185

Brighton, H.(2012). *Introducing artificial intelligence: A graphic guide*. Icon Books. 정용찬 옮김(2021). 《인공지능 아는 척하기》. 팬덤북스.

Francesconi, E.(2022.2.3). The winter, the summer and the summer dream of artificial intelligence in law. *Artificial intelligence and law,* 30, pp.147-161,
https://doi.org/10.1007/s10506-022-09309-8

Northcutt, C.(2024). MIT DCAI Lecture 1: Data-centric AI vs. Model-centric AI,
https://dcai.csail.mit.edu/2024/data-centric-model-centric/data-centric-model-centric.pdf

Wikipedia. 항목 ‘Industrial artificial intelligence’,
https://en.wikipedia.org/wiki/Artificial_intelligence_in_industry

03

AI 학습용 데이터

「인공지능 발전과 신뢰 기반 조성 등에 관한 기본법」에서는 AI 학습용 데이터를 인공지능의 개발 · 활용 등에 사용되는 데이터로 규정하고 있다. AI 학습용 데이터는 인공지능을 학습시키는 방법론에 따라 지도 학습, 비지도 학습, 강화 학습으로 구분할 수 있는데, 각각의 기법에 따라 학습 목적과 학습 방법, 데이터 구조, 학습 데이터에서 차이를 보인다.

인공지능과 편향?

AI 학습용 데이터 정의

현행법에서 데이터는 공공 데이터와 민간 데이터로 구분하고 있다. 이는 데이터를 생산 주체의 성격에 따라 구분한 것인데, 공공 부문은 공유와 활용을 목적으로, 민간은 유통 활성화와 진흥을 위한 관리 관점의 접근법이라고 할 수 있다.

공공 기관이 보유·관리하는 데이터에 대한 국민의 이용권을 보장하고, 공공 데이터의 민간 활용을 촉진하기 위한 목적으로 제정된 「공공 데이터의 제공 및 이용 활성화에 관한 법률」에서는 공공 데이터를 "공공 기관이 관리하고 있는 행정 정보와 공공 기관이 생성한 정보, 전자 기록물 등"으로 정의하고 있다(제2조 정의). 여기서 공공 기관은 국가 기관, 지방 자치 단체를 비롯해 「공공 기관의 운영에 관한 법률」에 따른 공공 기관, 「지방공기업법」에 따른 지방 공사 및 지방 공단, 「특별법」에 따라 설립된 특수 법인, 「초·중등교육법」, 「고등교육법」 및 그 밖의 다른 법률에 따라 설치된 각급 학교까지 모두 포함하고 있어 민간 영역을 제외한 전 분야라고 할 수 있다.

데이터의 생산과 거래, 활용 촉진을 목적으로 제정된 「데이터 산업진흥 및 이용촉진에 관한 기본법」은 민간

표 3-1 공공 데이터, 민간 데이터, 인공지능학습용 데이터 정의

구분	정의
데이터	다양한 부가가치 창출을 위해 관찰, 실험, 조사, 수집 등으로 취득하거나 정보시스템 및 「소프트웨어 진흥법」 제2조제1호에 따른 소프트웨어 등을 통해 생성된 것으로서 광(光) 또는 전자적 방식으로 처리될 수 있는 자료 또는 정보.
공공 데이터	데이터베이스, 전자화된 파일 등 공공 기관이 법령 등에서 정하는 목적을 위해 생성 또는 취득해 관리하고 있는 광(光) 또는 전자적 방식으로 처리된 자료 또는 정보로서 다음 각 목의 어느 하나에 해당하는 것을 말한다. 가. 「전자정부법」 제2조제6호에 따른 행정정보. 나. 「지능정보화 기본법」 제2조제1호에 따른 정보 중 공공 기관이 생산한 정보. 다. 「공공기록물 관리에 관한 법률」 제20조제1항에 따른 전자기록물 중 대통령령으로 정하는 전자기록물 라. 그 밖에 대통령령으로 정하는 자료 또는 정보.
민간 데이터	국가기관, 지방자치단체 또는 공공 기관이 아닌 자가 생성 또는 취득해 관리하고 있는 데이터.
인공지능 학습용 데이터	인공지능의 개발 · 활용 등에 사용되는 데이터.

출처: 국가법령정보센터. 「공공 데이터법」, 「데이터산업진흥법」. 「인공지능기본법」.

데이터를 "국가기관, 지방자치단체 또는 공공 기관이 아닌 자가 생성 또는 취득해 관리하고 있는 데이터"로 정의한다(제2조 정의). 이 법은 데이터로부터 경제적 가치를

창출하고 데이터 산업 발전의 기반을 조성하기 위해 데이터 산업을 영위하는 데이터 사업자를 데이터 거래 사업자와 데이터 분석 제공 사업자로 구분해 정의하고 있으며, 데이터의 생성 · 가공 · 제작 등과 관련된 경제 활동을 하는 자를 데이터 생산자로 정의하고 있다.

인공지능의 성능을 향상하려면 학습 과정을 거쳐야 하는데, 이때 필수적인 자원이 데이터다. 인공지능의 건전한 발전과 신뢰 기반 조성을 목적으로 제정된 「인공지능 발전과 신뢰 기반 조성 등에 관한 기본법」에서는 인공지능 학습용 데이터를 "인공지능의 개발 · 활용 등에 사용되는 데이터"로 규정하고 있다. 인공지능 학습용 데이터(AI Dataset)는 머신 러닝, 딥 러닝 등 AI 모델 학습을 위해 활용되는 데이터를 총칭하는데, '인공지능 학습용 데이터 구축' 사업을 통해 비정형 또는 반정형 데이터를 수집하고 라벨링해 지도 학습(Supervised Learning)과 비지도 학습(Unsupervised Learning), 대규모(생성형) AI에 쓰이는 데이터를 구축하고 있다(과학기술정보통신부 외, 2025a). 여기서 라벨링(Labeling)이란 인공지능이 학습 과정에서 데이터를 잘 이해할 수 있도록 적절한 설명이 붙은 이름표(label)를 다는 작업을 말한다.

AI 학습용 데이터 특징

인공지능 학습용 데이터는 특정 인공지능 모델의 학습을 목적으로, 사전에 정의된 임무에 따라 체계적으로 구축되는 데이터를 말한다(과학기술정보통신부 외, 2025). 인공지능을 학습시키는 방법론인 머신 러닝은 지도 학습, 비지도 학습, 강화 학습으로 구분할 수 있는데, 각각의 기법에 따라 학습 목적과 학습 방법, 데이터 구조, 학습 데이터에서 차이를 보인다.

지도 학습이란 정답이 있는 데이터로 학습을 시키는 것을 의미하는데, 예를 들어 개와 고양이라는 꼬리표(label)가 붙어 있는 개와 고양이의 사진으로 학습을 시키고 나서, 동물 사진을 주었을 때 개인지 고양이인지 판단하게 하는 방식을 말한다. 컴퓨터의 입장에서는 정의가 포함된 데이터로 학습을 하면서 개와 고양이를 구분하는 최적의 알고리즘을 찾아 나가므로 마치 컴퓨터가 사람에게 지도를 받은 것과 같기 때문에 이런 이름이 붙여졌다. 지도 학습의 경우, 이미지, 텍스트 등 비정형 데이터를 대상으로 가공 작업을 통해 참값(GT, Ground Truth)을 부여하게 되는데, 여기서 참값이란 모델의 성능을 평가하거나 학습을 진행하기 위해 사용되는 정답, 즉 사진에 붙은 개와 고양이라는 값(label)을 의미한다.

표 3-2. 머신 러닝의 주요 학습 방식과 데이터 특성

구분	지도 학습	비지도 학습	강화 학습
학습 방법	정답(Label)이 있는 데이터로 학습	정답(Label) 없이 패턴을 학습	보상(Reward)을 기반으로 학습
주요 Task	Classification (분류) Regression (회귀) Object Detection (객체 탐지) Semantic Segmentation (의미론적 분할)	Clustering (군집화) Association Rule Learning (연관 규칙 학습) Dimensionality Reduction (차원 축소) Anomaly Detection (이상 탐지)	Game AI (게임 AI) Robotics Control (로봇 제어) Real-time Decision Making (실시간 의사 결정) Autonomous Systems (자율 시스템)
학습 데이터	참값(GT)과 입력 데이터와 쌍을 이루는 데이터	참값(GT)이 없는 입력 데이터	참값(GT) 없이 에이전트와 환경 간 상호작용을 통해 축적되는 데이터
데이터 구조	입력과 출력의 쌍	구조화되지 않은 입력	상태(State)-행동(Action)-보상(Reward)-정책(Policy)-에피소드(Episode)의 순차적 데이터
학습 목적	예측 모델 생성 (Task Driven)	데이터 구조 및 패턴 발견(Data Driven)	최적의 의사 결정 정책(Learn from Mistakes)

출처: 과학기술정보통신부 외(2025). 인공지능 학습용 데이터 품질 관리 가이드라인 v3.5.

지도 학습은 분류(Classification)와 예측(Prediction) 모델로 구분한다. 분류란 입력된 데이터가 어떤 집단에 속하는지를 구별해 정리하는 것을 말한다. 개와 고양이의 사진으로 구성된 데이터에서 개 사진은 모두 같은 집단으로, 고양이 사진은 모두 고양이로 분류하는 것이 학습 목표다. 예측 모델은 데이터가 주어졌을 때, 이를 기초로 아직 일어나지 않은 미래 시기의 값을 계산하는 모델을 의미한다. 20년간 수출 실적 데이터가 있다면, 내년 혹은 후년 수출액을 예측하는 식이다.

비지도 학습은 지도 학습과 달리 정답이 없는 데이터로 학습을 시키는 것을 의미하는데, 개와 고양이 사진을 어떤 설명 없이 그대로 인공지능에게 학습을 시켜서 스스로 두 이미지의 차이를 구분해 내도록 하는 방식이다. 비지도 학습 모델로는 군집(Clustering) 분석이 대표적이다. 군집 분석은 데이터를 가장 가까운 개체들로 구성된 집단으로 구분한다는 점에서 분류와 동일하다. 군집 분석은 각각의 데이터가 어떤 집단에 속하는지에 대한 정보가 없다는 점에서 지도 학습의 분류와 차이가 있다.

강화 학습(Reinforcement Learning)은 컴퓨터가 주어진 상태(state)에 대해 최적의 행동(action)을 선택하는 학습 방법을 말한다(IT 용어 사전). 지도 학습이 정의가 포함된 학습 데이터를 제공한다면, 강화 학습은 컴퓨터가 판단한 결과에 대해 보상(reward)을 주는 방식으로 성능을 향상한다(정용찬, 2020). 강화 학습은 지도 학습으로 분류하기도 하고, 그 자체로 독립적인 영역으로 분류하기도 한다(김의중, 2016). 학습 과정에서 사람으로부터 지도를 받는다는 점에서 지도 학습과 유사하지만, 학습 모델을 구현하는 방식이 지도 학습과는 차이를 보이기 때문이다.

인공지능 학습에 필요한 데이터는 수요에 기반해야 한다. 이를 위해 행정안전부는 인공지능 시대에 필요한 핵심 공공 데이터를 발굴하기 위한 'AI · 고가치 공공 데이터 개방 수요 조사'를 실시하고 있다(이비슬, 2025). 이 조사는 '기업 연구와 개발 지원을 위한 공공 데이터 개방' 추진을 위한 목적으로 실시할 예정인데, 공공 데이터 포털을 통해서도 필요한 데이터에 관한 수요 의견을 상시 접수하고, 필요하다고 요청한 개방 수요는 관계 기관과 협의를 거쳐 순차 개방할 예정이다.

행정안전부는 'AI · 고가치 공공 데이터 100위'를 선정할 계획이다. 이를 위해 AI 기업 300여 곳과 공공 데이터 활용 기업 500여 곳을 대상으로 '공공 데이터 활용기업 실태조사'를 실시해 인공지능 모델 개발자와 실무자들의 의견을 수렴하는데, 현장의 목소리를 반영한다는 점에서 의의가 있다.

참고문헌

과학기술정보통신부(2022.4.20). 「데이터 산업진흥 및 이용촉진에 관한 기본법」, https://www.data1window.kr/dbPcyEvlSys/detail?pstSn=72

과학기술정보통신부. 「인공지능 발전과 신뢰 기반 조성 등에 관한 기본법」.

과학기술정보통신부 외(2025.2.28). “AI 데이터 품질 관리 가이드라인 v3.5. 제1권 AI 데이터 품질 관리 가이드”, https://www.aihub.or.kr/aihubnews/qlityguidance/view.do?currMenu=135&topMenu=103&nttSn=10404

국가법령정보센터, https://www.law.go.kr/

김의중(2016). 《알고리즘으로 배우는 인공지능, 머신러닝, 딥러닝 입문》. 위키북스.

이비슬(2025.6.15). “행안부, AI 학습용 공공 데이터 수요조사… 단계적 개방”. 뉴스1, https://www.news1.kr/local/moi/5813410

정용찬(2020). 《인공지능 알고리듬의 이해》. 커뮤니케이션북스.

행정안전부(2023.11.17). 「공공 데이터의 제공 및 이용 활성화에 관한 법률」, https://www.law.go.kr/%EB%B2%95%EB%A0%B9/%EA%B3%B5%EA%B3%B5%EB%8D%B0%EC%9D%B4%ED%84%B0%EC%9D%98%EC%A0%9C%EA%B3%B5%EB%B0%8F%EC%9D%B4%EC%9A%A9%ED%99%9C%EC%84%B1%ED%99%94%EC%97%90%EA%B4%80%ED%95%95%

9C%EB%B2%95%EB%A5%A0

04
AI 학습 데이터 품질 관리

인공지능 학습 데이터는 인공지능의 성능 향상을 위한 필수 자원이므로 데이터의 품질이 매우 중요하다. 인공지능 학습 데이터의 품질 관리는 데이터 생애 주기에 따라 준비 · 계획 단계, 구축 단계, 운영 · 활용 단계로 나누는데, 품질 관리 범위는 구축 프로세스 품질 관리, 구축 데이터 품질 관리, 개방 데이터 품질 관리로 구분한다.

청각장애인과 AI?

AI 학습 데이터 구축 과정

AI 학습 데이터 구축 과정은 데이터의 생애 주기와 밀접하게 관련되어 있다. 즉 데이터가 생산되고 가공되어 학습에 활용되기까지의 과정별로 필요한 처리가 취해진다는 것을 의미한다. 물론 데이터의 유형에 따라, 또 사전에 정의된 목적에 따라 세부적인 절차에서 차이를 보일 수는 있지만, 일반적으로 구축 계획 수립, 데이터 획득·수집, 데이터 정제, 데이터 가공, 데이터 학습 순서로 반복해 진행된다(과학기술정보통신부 외, 2025).

구축 계획 수립 단계는 인공지능 학습을 통해 해결하려는 문제를 명확하게 정의하고, 필요한 인공지능 학습용 데이터를 구체적으로 정의하고 설계하는 단계다. 구축 계획서에는 구축 개요, 데이터 구축, 품질 자가 점검 계획 등 데이터 구축 목적에 부합하는 세부 내용을 명확하고 구체적으로 작성한다.

데이터 획득·수집 단계는 인공지능 학습에 필요한 데이터를 직접 생산하거나 존재하고 있는 데이터를 확보하는 등 '원시 데이터'를 확보하는 단계로 데이터 수집 시 일부에 치우치지 않도록 다양한 시간, 공간, 집단 등이 포함되도록 노력해야 한다.

데이터 정제 단계는 획득한 원시 데이터를 학습에 필

표 4-1. 인공지능 학습용 데이터 구축 과정

구축 과정	설명
구축 계획 수립	해결하고자 하는 문제를 명확하게 정의. 필요한 인공지능 학습용 데이터 구체적 정의.
데이터 획득·수집	필요 데이터를 직접 생산하거나 이미 생성된 '원시 데이터' 확보.
데이터 정제	데이터 형식, 크기 조정, 중복 제거, 개인정보 비식별화 처리 통해 '원천 데이터' 확보.
데이터 가공	인공지능 학습을 위해 기능과 목적에 부합하는 라벨을 '원천 데이터'에 부착.
데이터 학습	'학습 데이터세트'를 이용해 학습. 학습된 AI 모델의 성능 향상과 보정.

출처: 과학기술정보통신부 외(2025). 26~27쪽의 내용을 표로 정리.

요한 형식과 크기로 조정하고, 데이터 중복 제거, 개인정보 비식별화 처리 등의 과정을 통해 '원천 데이터'를 확보하는 단계다. 데이터 가공 단계는 인공지능 학습에 활용할 수 있도록 기능이나 목적에 부합하는 라벨(설명서)을 원천 데이터에 부착해 '가공 데이터'를 만드는 단계다. 데이터 학습 단계는 '학습 데이터세트'를 이용해 사전에 정의된 인공지능 모델을 학습시키고, 학습된 AI 모델의 성능을 향상하거나 보정하는 단계다.

데이터는 정제와 가공 단계별로 그 특성에 따라 원시

데이터, 원천 데이터, 가공 데이터, 학습 데이터 등 다양한 이름으로 지칭한다. 데이터 획득과 수집 단계에서 확보한 이미지, 비디오, 오디오, 텍스트 등의 형태의 데이터를 '원시 데이터'라고 부르고, 데이터 정제 단계에서 원시 데이터를 AI 학습에 필요한 형식과 크기로 조정하고, 데이터 중복을 제거하고, 개인정보는 비식별화 처리하는 등의 과정을 거친 데이터를 '원천 데이터'라고 명명해 구분하고 있다. 원천 데이터에 일종의 설명 자료인 라벨(label)을 붙인 데이터를 '가공 데이터'라고 부르고, 학습 단계에서 활용하는 '학습 데이터세트'는 원천 데이터와 가공 데이터로 구성된 쌍을 의미한다.

AI 학습용 데이터 품질 관리 범위

인공지능 학습 데이터는 인공지능의 성능 향상을 위한 필수 자원이므로 데이터의 품질이 매우 중요하다. 품질(Quality)이란 사전적인 의미로 '물건의 성질과 바탕'으로 정의되는데, 최근의 경향은 '이용자의 요구 사항을 충족시키는 측면'을 강조하고 있다. 품질 관리 분야에 큰 영향력을 끼친 조지프 주란(Joseph M. Juran)은 품질을 "사용 목적에의 적합성(Fitness for use)"이라고 정의했다(통계청 통계품질 관리 소개).

표 4-2. 인공지능 학습용 데이터 품질 관리 단계별 수행 내용

<table>
<tr><th>구분</th><th>품질 관리 범위</th><th>수행 내용</th></tr>
<tr><td rowspan="2">준비 계획 단계 구축 단계</td><td>구축 프로세스</td><td rowspan="2">구축 사업에 참여하는 사업 수행 기관이 자체적으로 수행하는 품질 관리.
민간에 개방된 학습 데이터세트의 품질 개선 의견이 제기된 경우, 사업 수행 기관이 직접 품질 개선 활동 수행.</td></tr>
<tr><td>구축 데이터</td></tr>
<tr><td>운영·활용 단계</td><td>개방 데이터</td><td>데이터 개방을 위한 개방 전 점검 활동 수행.
AI-Hub를 통해 개방된 데이터의 지속적인 품질 관리를 위해 사업 수행 기관과 사업 관리 기관이 공동 품질 관리 활동 수행.
사업 관리 기관은 사용자가 제기한 데이터 품질 개선 의견을 검토하고, 해당 데이터를 구축한 사업 수행 기관에 품질 개선 요청.
사업 수행 기관은 이를 반영해 품질 개선 수행.</td></tr>
</table>

출처: 과학기술정보통신부 외(2025). 28쪽의 표 1-5.

데이터와 관련이 높은 개념인 '통계' 관점에서 통계 품질(Statistics Quality) 관리란 '통계 이용자들에게 통계를 사용하는 데 적합하도록 생산하는 방법뿐 아니라 이용자에게 만족을 주면서 가장 경제적인 방법으로 통계를 작성, 보급, 관리하기 위한 모든 수단을 통합한 체계'를 말한다(통계청, 2025). 우리나라 통계청은 통계 품질을 관련성(Relevance), 정확성(Accuracy), 시의성(Timeliness), 비교성(Comparability), 접근성(Accessibility)이라는 5

가지 차원으로 정의하고 있다.

인공지능 학습용 데이터 품질도 인공지능 학습용 데이터 구축 공정 및 데이터의 품질 기준(다양성, 정확성 등)을 확보해 사용자에게 유용한 가치를 줄 수 있는 데이터의 수준이라고 정의할 수 있다(과학기술정보통신부 외, 2025).

AI 학습용 데이터 품질 관리는 데이터 생애 주기(Life cycle)에 따라 준비 · 계획 · 구축 단계와 운영 · 활용 단계로 나누는데, 품질 관리 범위는 구축 프로세스 품질 관리, 구축 데이터 품질 관리, 개방 데이터 품질 관리로 구분한다(과학기술정보통신부 외, 2025).

구축 프로세스 품질 관리는 데이터 획득, 데이터 정제, 데이터 가공 등 구축 과정에서 원하는 수준의 데이터 품질을 보장하기 위한 품질 관리 활동을 수행하는지 모니터링하고, 발견된 문제점을 보완하는 것을 말한다. 구축 데이터 품질 관리는 구축 사업을 통해 생성되는 원시 데이터, 원천 데이터, 가공 데이터 등 데이터의 품질을 검사하고, 발견된 오류를 개선하는 활동을 말한다. 개방 데이터 품질 관리는 적재된 데이터의 운영, 활용 단계에서 학습용 데이터세트의 품질을 향상하는 활동을 지속적으로 수행하고, 품질 개선 의견이 제기되면 적극적으

표 4-3. 인공지능 학습용 데이터 품질 검사 활동

수행 단계	내용
검사 대상 정의	원시 데이터, 원천 데이터, 가공 데이터 등 검사 대상 선정, 품질 검사 계획 수립.
품질 검사 실시	검사 대상에 대해 준비성, 완전성, 유용성, 적합성, 정확성, 유효성 등 품질 관리 지표별로 체크리스트 검사 기법을 적용해 품질 검사 실시.
검사 결과 분석	품질 검사 결과를 바탕으로 주요 품질 문제를 식별, 문제 원인 파악 통해 품질 문제를 해결 위한 개선 사항 도출.
개선 수행	품질 문제 해결을 위해 개선 계획과 개선 방안 정의, 우선순위 결정하고, 데이터 보정, 추가 작업 등 개선 영역별 품질 개선 활동 수행.
품질 통제	개선 수행 결과 확인, 점검을 통해 품질 목표를 재설정해 품질 문제 재발 방지 및 고품질 데이터를 유지하기 위한 품질 관리 활동 수행.

출처: 과학기술정보통신부 외(2025). 29쪽의 표 1-6을 재구성.

로 대응하는 활동을 의미한다.

AI 학습용 데이터 품질 검사 활동

AI 학습용 데이터 사업 수행 기관과 참여 기관의 품질 관리자가 품질 관리를 위해 수행해야 하는 품질검사는 품질 검사 수행 공정별로 정의할 수 있는데, 검사 대상 정의, 품질 검사 실시, 검사 결과 분석, 개선 수행, 품질 통제로 구분한다.

검사 대상 정의 단계는 검사 대상을 선정하고, 품질 검사 계획을 수립하는 단계다. 품질 검사 실시 단계는 정의된 검사 대상에 대해 품질 관리 지표 체크리스트 같은 검사 기법을 적용해 품질 검사를 실시하는 단계다. 검사 결과 분석 단계는 품질 검사 결과에 기초해 품질 문제를 식별하고, 원인을 파악하는 단계다. 개선 수행 단계는 품질 문제 해결을 위해 개선 계획을 세우고, 결정된 우선순위에 따라 품질 개선 활동을 수행하는 단계다. 마지막으로 품질 통제 단계는 수행 결과 확인을 통해 품질 목표를 재설정해 품질 문제 재발 방지를 위한 품질 관리 활동을 수행하는 단계다.

참고문헌

과학기술정보통신부 외(2025.2.28). "AI 데이터 품질 관리 가이드라인 v3.5. 제1권 AI 데이터 품질 관리 가이드", https://www.aihub.or.kr/aihubnews/qlityguidance/view.do?currMenu=135&topMenu=103&nttSn=10404

통계청(2025.2.5). "2025년 정기통계품질진단 매뉴얼", https://kostat.go.kr/board.es?mid=a10409060500&bid=8804&act=view&list_no=434988&tag=&nPage=1&ref_bid=

통계청. 통계품질, https://kostat.go.kr/menu.es?mid=a10409010000

05
생성형 AI 데이터 품질 관리

생성형 AI 학습 데이터는 사전 학습된 기반 모델을 대상으로 특정 임무 수행과 성능 향상을 위해 미세 조정과 강화 학습을 수행하도록 구축된 데이터라는 특징을 가지고 있지만, 데이터 품질 관리는 AI 학습용 데이터 품질 관리의 경우와 동일하게 준비 · 계획 단계, 구축 단계, 운영 · 활용 단계로 구분하며, 품질 관리 범위도 구축 프로세스 품질 관리, 구축 데이터 품질 관리, 개방 데이터 품질 관리로 동일하게 구분한다.

AI 콘텐츠 크리에이터?

생성형 AI 데이터 특징

프롬프트(일종의 명령어)의 지시에 따라 텍스트, 이미지, 기타 미디어를 생성할 수 있는 인공지능 시스템인 생성형 AI는 클라우드 컴퓨팅(Cloud Computing), AI 반도체 같은 컴퓨팅 자원의 혁신과 함께 방대한 데이터를 기반으로 발전하고 있다. '생성'이란 수식어가 붙은 이유는 AI에게 일일이 지시하거나 학습시키지 않아도, AI가 스스로 이용자가 요구하는 바를 만들어 제공하는 범용 AI를 의미한다(과학기술정보통신부 외, 2025b). 생성형 AI의 주요 모델로는 대규모 언어 모델(LLM), 대규모 멀티모달 모델(LMM, Large Multimodal Model), 소형 대규모 언어 모델(sLLM, small Large Language Model), 온 디바이스 AI(On-Device AI) 모델 등이 있다.

생성형 AI 개발은 기반 모델(Foundation Model)로 불리는 생성형 AI 모델을 구축하고 성능을 향상하기 위한 과정인 미세 조정(Fine-Tuning) 등을 거쳐 해당 업무와 서비스에 적용할 수 있도록 만든다. 기반 모델은 설명(label)이 없는 방대한 데이터로 훈련한 AI 모델을 의미하는데, 다양한 주제와 관련된 목적으로 활용될 수 있도록 광범위한 데이터를 대상으로 훈련된 머신 러닝 모델로 챗GPT 등이 대표적인 파운데이션 모델이다. 파운데이션 모델은 다양한 사용 사례를 지원할 수 있는 범용 기술이기 때문에 파운데이션 모델을 구축하기 위해서는 대량의 데이터와 컴퓨팅 파워가 필요하므로 데이터 품질 관리가 필수 요소라 할 수 있다.

생성형 AI 데이터는 수천억 개 이상, 수조 개의(GPT-3는 1,750억 개, GPT-4는 약 1조 개 이상) 매개 변수를 가진 생성형 AI 모델을 학습시키기 위해 수십억에서 수백억 단어로 구성된 대규모 학습용 데이터로, 멀티모달 학습을 위한 이미지 캡션, 음성 등 다양한 유형의 데이터를 포함하고 있으며, 사전 학습된 기반 모델을 대상으로 특정 임무 수행과 성능 향상을 위해 미세 조정과 강화 학습을 수행하도록 구축된 데이터라는 특징을 가진다(과학기술정보통신부 외, 2025b).

생성형 AI 데이터 구축 과정

생성형 AI 데이터 구축 과정은 기반 모델의 종류와 미세 조정 방법에 따라 다양하지만, 4장에서 설명한 AI 데이터 품질 관리와 유사하게 데이터의 생애 주기와 밀접하게 관련되어 있다. 즉 데이터가 생산되고 가공되어 학습에 활용되기까지의 과정별로 필요한 처리가 취해지며, 구축 계획 수립, 데이터 획득 · 수집, 데이터 정제, 데이

표 5-1. 적응 학습 유형별 데이터

학습 유형	설명	데이터
사전학습 도메인 학습	원천 데이터(말뭉치, 이미지, 음성, 비디오 등 다양한 데이터 유형)를 사용해 새롭게 구축하고 기반 모델 학습	비라벨링 데이터
지도 미세 조정	정련된 질의응답 세트로 지도 미세 조정 학습.	질의응답 세트
보상모델	답변 우선순위 데이터로 보상 모델 학습.	답변 우선순위
강화 학습	질문 데이터세트와 SFT 모델, 보상 모델을 활용해 강화 학습.	질문 데이터

출처: 과학기술정보통신부 외(2025b). 35쪽의 표 1-12 재구성.

터 가공, 데이터 학습 순서로 반복해 진행된다(과학기술정보통신부 외, 2025b). 정제와 가공 단계별로 데이터를 특성에 따라 원시 데이터, 원천 데이터, 가공 데이터, 학습 데이터 등으로 지칭하는 것도 AI 학습용 데이터 구축 과정과 동일하다.

생성형 AI 모델의 학습 과정은 데이터 유형에 따라 반복적인 학습과 최적화 과정을 거치는데, 그 과정에서 각각 다른 전처리 작업이 수행되므로 데이터 구축과 학습 절차의 구체화가 필요하다(과학기술정보통신부 외, 2025b). 생성형 AI 모델은 학습 유형별로 다양한 데이터를 사용하는데, 사전 학습 단계에서는 라벨링이 되지 않은 데이터를 사용하며, 지도 미세 조정(SFT, Supervised Fine Tunning) 단계에서는 질의응답 세트 데이터를, 보상 모델 단계에서는 답변 우선순위 데이터를, 강화 학습 단계에서는 질문 데이터를 각각 사용한다.

생성형 AI 데이터의 구축 과정에서 활용되는 원천 데이터로 합성 데이터(Synthetic data)가 있다. 합성 데이터란 컴퓨터 시뮬레이션 또는 알고리즘에 의해 특정 목적을 위해 원본 데이터의 형식과 구조 및 통계적 분포 특성과 패턴을 학습해 생성한 모의 또는 가상 데이터를 말한다(개인정보보호위원회, 2024).

합성 데이터 구축 과정은 AI 학습용 데이터 구축 과정과 동일하나, 합성 데이터를 생성하는 과정에서 차이가 있다. 데이터 획득/수집 단계에서 합성 데이터 생성은 '리얼 데이터'를 수집해 선별과 전처리 과정을 거쳐 '시드 데이터(Seed data)'를 확보한 후, 합성 데이터를 생성하는 과정으로 진행한다. 여기서 리얼 데이터(실제 데이터)란 합성 데이터 생성을 위한 원본 데이터로, 전처리 없이 데이터 목적에 맞게 수집된 원초적인 데이터다. 시드 데이터는 리얼 데이터에서 합성 데이터를 생성하기 위해 양질의 데이터를 선별하고, 개인 식별 정보를 비식별화하며, 이미지 크기 조정 및 픽셀 정보를 보완하는 등

전처리를 거친 데이터다. 합성 데이터는 시드 데이터를 사용해 비가역적 알고리즘을 적용한 모델을 통해 생성된 가상의 데이터를 말한다. 생성된 합성 데이터는 데이터 정제단계에서 품질을 점검해, 이를 통과한 데이터를 원천 데이터로 활용한다.

생성형 AI 데이터 품질 관리 범위와 활동

생성형 AI 데이터 품질 관리는 AI 학습용 데이터 품질 관리의 경우와 동일하게 준비 · 계획 · 구축 단계와 운영 · 활용 단계로 구분하며, 품질 관리 범위도 구축 프로세스 품질 관리, 구축 데이터 품질 관리, 개방 데이터 품질 관리로 동일하게 구분한다(과학기술정보통신부 외, 2025b).

생성형 AI 데이터의 안전한 사용을 위해서는 잠재적인 위험을 최소화하고, 올바른 활용을 위해 준비 · 계획 단계, 구축 단계, 운영 · 활용 단계까지 전 공정에 걸쳐 보안 위협을 최소화하기 위한 적극적인 보안 대책 수립과 수행이 필수다(과학기술정보통신부 외, 2025b).

AI 학습용 데이터 품질 검사 활동 역시 4장에서 살펴본 인공지능 학습용 데이터 구축 과정과 동일하다. 주관기관과 참여 기관으로 구성된 사업 수행 기관의 품질 관리 담당자는 구축 공정별 품질 관리를 위해 품질 검사 준비, 품질 검사 실시, 검사 결과 분석, 품질 개선 수행, 품질 통제 단계로 구성된 절차에 따라 품질 검사 및 개선 절차를 수행한다.

참고문헌

개인정보보호위원회(2024.12.18). "합성 데이터 생성·활용 안내서", https://www.pipc.go.kr/np/cop/bbs/selectBoardArticle.do?bbsId=BS074&mCode=C020010000&nttId=10871

과학기술정보통신부 외(2025a). "AI 데이터 품질 관리 가이드라인 v3.5". 제1권 AI 데이터 품질 관리 가이드. https://www.aihub.or.kr/aihubnews/qlityguidance/view.do?currMenu=135&topMenu=103&nttSn=10404

과학기술정보통신부 외(2025b). "AI 데이터 품질 관리 가이드라인 v3.5". 제3권 생성형 AI 데이터 품질 관리 가이드. https://www.aihub.or.kr/aihubnews/qlityguidance/view.do?currMenu=135&topMenu=103&nttSn=10404

국가정보원사이버안보센터(2023.6.29). "챗GPT 등 생성형 AI 활용 보안 가이드라인", https://www.ncsc.go.kr:4018/main/cop/bbs/selectBoardArticle.do?bbsId=InstructionGuide_main&nttId=54340&pageIndex=1

06
생성형 AI 데이터 보안

생성형 AI 기술은 이미지, 비디오, 오디오, 텍스트 등 다양한 유형의 대규모 데이터를 학습하는 과정이 필수기 때문에 우수한 성능을 기대할 수 있지만 보안 측면에서 다양한 위험이 존재한다. 대표적인 보안 위협으로는 잘못된 정보, AI 모델 악용, 유사 AI 모델 서비스 빙자, 데이터 유출, 플러그인 취약점, 확장 프로그램 취약점, API 취약점 등이 있다.

AI와 민주주의?

생성형 AI 기술과 보안 위협

챗GPT 같은 생성형 AI 기술은 이미지, 비디오, 오디오, 텍스트 등 다양한 유형의 대규모 데이터를 학습하는 과정이 필수기 때문에 우수한 성능을 기대할 수 있지만 보안 측면에서 다양한 위험이 존재한다. 생성형 인공지능 기술 중 하나인 대규모 언어 모델(LLM)은 통상 수백억 개 이상의 파라미터를 포함하고, 학습에 사용되는 토큰 수도 수조 개에 달하기 때문에 질문의 의미를 파악하고 추론해 대답을 작성하기 위한 데이터 처리 과정이 매우 복잡하기 때문이다.

대규모 언어 모델 등 생성형 AI 기술의 대표적인 보안 위협으로는 잘못된 정보, AI 모델 악용, 유사 AI 모델 서비스 빙자, 데이터 유출, 플러그인 취약점, 확장 프로그램 취약점, API 취약점 등이 존재한다(국가정보원, 2023).

생성형 AI 기술의 대표적인 보안 위협 중 데이터와 밀접하게 관련된 영역은 잘못된 정보, 데이터 유출, API 취약점이 해당된다. 이는 사회적 혼란을 조장하거나 잘못된 의사결정을 유도하고, 기밀 유출과 데이터베이스 해킹, API 키 탈취, 악의적 프롬프트 주입 등과 같은 치명적인 보안 위협의 원인이 된다.

표 6-1. 생성형 AI 기술의 보안 위협

대표 보안 위협	주요 원인	가능한 보안 위협
잘못된 정보	편향 최신 데이터 학습 부족 환각 현상	사회적 혼란 조장 고위험 의사 결정 잘못된 의사 결정 유도
AI 모델 악용	적대적 시스템 메시지	피싱 이메일 및 인물 도용 사이버 보안 위협 코드 작성 대화형 서비스를 악용한 사이버 범죄 커뮤니티 활성화 사회 공학적 영향 가짜 뉴스 생성
유사 AI 모델 서비스 빙자	유사 악성 서비스 접근 유도	스쿼팅 URL 및 확장 프로그램 가짜 애플리케이션
데이터 유출	데이터 합성 과정의 문제 과도한 훈련 데이터 암기 문제 대화 과정에서 개인정보 및 민감 정보 작성	훈련 데이터 유출 데이터 불법 처리 우려 기밀 유출 대화 기록 유출 데이터베이스 해킹 및 회원 추론 공격
플러그인 취약점	AI 모델의 적용 범위 확장 안정성 확인 미흡 해커 공격 범위 확장 취약점이 있는 서비스와 연결	새로운 도메인에서의 모델 오작동 '에이전트'화 된 AI 모델의 악용 멀티모달 악용
확장 프로그램 취약점	확장 프로그램 내부의 악성 서비스 설치 서비스 제공 업체의 보안 조치 미흡	개인정보 수집 시스템 공격 호스팅 서버 및 스토리지 시스템 위협
API 취약점	미흡한 API 키 관리 데이터와 명령 사이의 불분명한 경계	API 키 탈취 악의적인 프롬프트 주입

출처: 국가정보원(2023). 10쪽의 표 4.

잘못된 정보

생성형 AI 모델은 학습 데이터가 편향되었다든지, 학습을 위한 최신 데이터의 부족, 환각(Hallucination) 등 정보 오류로 인한 위험 요소를 내포하고 있다.

학습 데이터 편향은 데이터가 특정한 극단적인 견해나 사실과 다른 내용을 학습할 경우 발생할 수 있다. 예를 들어 특정 인종이나 성소수자 등에 대한 부정적인 인식을 담고 있는 내용 위주로 학습하게 되면 생성형 AI 모델도 특정 그룹이나 주제에 대해 편견이 있는 결과를 제공하게 된다.

20대 여대생으로 설정된 인공지능 챗봇 '이루다' 서비스는 이용자들과 대화를 통해 학습하는 AI 모델로 2020년에 출시되었다. 이 서비스는 여성, 성소수자 등 특정 집단에 대한 혐오 발언으로 사회적 논란을 일으켜 출시 3주 만에 서비스가 중단되었는데 대표적인 학습 데이터 편향 사례라 할 수 있다(국민일보, 2021).

최신 데이터 학습 부족도 잘못된 정보를 만들어 내는 주요한 요인이다. 생성형 AI 모델은 정해진 시점까지의 데이터로 학습을 진행하기 때문에 특정 시점 이후에 발생한 사건이나 정보에 대해서는 알지 못하거나 정확하지 않은 정보를 제공할 가능성이 있다. 현재 진행 중인 사건이나 이슈 자체가 빨리 변화하는 경우에는 AI 모델이 정확하지 않은 답변을 만들어 낼 수도 있다.

생성형 AI 모델은 새로운 콘텐츠를 생성할 수 있는 능력을 가지고 있다는 점에서 장점이 있지만 오히려 이러한 능력 때문에 잘못된 정보나 존재하지 않는 정보를 만들어 낼 수 있다. 이러한 부작용을 환각(Hallucination) 현상이라고 부르는데, AI 모델이 정확한 것처럼 결과물을 만들었지만 실제로는 거짓인 경우를 말한다. 환각 현상은 AI 모델의 신뢰성을 저하시키는 원인이 될 수 있다.

잘못된 정보는 특정 집단을 혐오하는 결과물을 생성한다거나 사회적으로 민감한 이슈에 대해 논란을 불러일으키는 편견을 낳게 만들어 사회 혼란을 조장할 수 있다. 특히 생성형 AI가 제공하는 결과물을 검증하지 않고 공유하거나 유통할 경우 조직이나 개인의 의사결정을 잘못된 방향으로 이끌 수 있기 때문에 각별한 주의가 필요하다.

데이터 유출

대표적인 생성형 AI 기술 관련 위협인 데이터 유출은 데이터 합성 과정, 데이터 훈련 과정, 대화 과정 등 다양한 상황에서 발생할 수 있다. AI 모델 학습에 사용되는 훈련 데이터는 방대해 그 안에 기관의 주요 정보가 포함될 수 있다. AI 모델은 여러 단계로 구성된 추론 과정에서 가장 신뢰도가 높은 문자열을 합성해 답변하는데, 합성된 문자열에는 훈련 데이터가 그대로 답변에 포함할 가능성이 있다.

과도한 훈련 데이터 암기도 데이터 유출의 원인이다. AI 모델이 훈련 데이터를 과도하게 암기하면 추론 과정에서 훈련 데이터에 대한 신뢰도가 더욱 높아지고, 이에 따라 내부 정보 유출 경향이 커질 수 있다. 비식별 처리를 한 민감 정보와 개인정보도 외부 정보와의 결합을 통해 비식별화가 가능하므로 주의해야 한다.

대화 과정에서도 개인정보와 민감 정보가 유출될 수 있다. 외부 AI 모델 서비스를 이용할 경우, 사용자가 내부 업무 정보나 개인정보를 입력할 수 있어 다른 정보와 결합되어 타인의 요청에 따라 추론 작업에 활용되거나, 해당 정보가 모델에 학습되어 타인과의 대화 과정에서 중요 정보가 유출될 수 있다.

데이터 유출로 인한 대표적인 보안 위협으로는 훈련 데이터 유출, 데이터 불법 처리, 기밀 유출, 대화 기록 유출, 데이터베이스 해킹 등이 있다. 특히 개인정보, 연락처, API 키와 같은 민감한 정보가 데이터 처리와 응답 생성 과정에서 외부에 노출될 수 있다.

이 밖에 생성형 AI 서비스를 사용하는 과정에서 개인이나 기관의 기밀 정보나 타인과의 대화 기록이 유출되거나, 이를 악용하여 해커가 해당 모델 혹은 서비스 제공자의 데이터베이스를 해킹하는 현상이 발생할 수 있다.

API 취약점

생성형 AI 모델의 API와 관련한 보안 위협으로는 미흡한 API 키 관리, 데이터와 명령 사이의 불분명한 경계 등이 있다. API 키란 소프트웨어 개발자가 서드파티 애플리케이션과 서비스 간에 통신을 수행하기 위해 사용되는 인증 수단인데, API 키 관리를 소홀히 할 경우 데이터 및 시스템 보안 위협의 원인이 될 수 있으므로 각별한 주의가 필요하다. API 키가 노출되면 해당 키를 이용하여 시스템에 침입하여 민감한 정보에 접근하거나 비인가된 작업을 수행할 수 있기 때문이다.

일반적인 프로그래밍 언어와 달리 AI 모델은 데이터와 명령을 명확하게 구분하지 않는 특징이 있기 때문에 입력된 데이터를 명령으로 오인하거나 명령을 잘못 이해하여 부적절한 응답을 생성할 수 있다. 만약 해커가 프롬프트에 악의적인 코드나 명령을 삽입한다면 AI 모델

표 6-2. AI 모델 API의 데이터 보안 고려 사항

구분	고려 사항
입력 데이터 검증	API 호출 시 입력되는 데이터에 대한 유효성 검사를 수행해 SQL 주입(SQL Injection), XSS(Cross-site Scripting) 공격 등 위해 행위 방지. API 호출 시 입력되는 데이터에 대한 기관 내부 정보 혹은 개인정보 포함 여부를 확인.
개인정보 처리	「개인정보 보호법」 등 개인정보의 처리에 관한 규정 준수해 데이터 처리. 민감한 정보를 처리하기 전에 사용자의 동의 수집. 데이터 가명화 및 익명화를 통해 데이터 누출 시 개인을 직접적으로 식별 또는 연관 불가토록 조치.
데이터 오남용 방지	API에 전달하는 사용자 입력 데이터 최소화. API를 통해 반환되는 결과를 항상 검토하고, 안전성 및 정확성 확인. 불필요한 데이터 저장 및 공유 금지. 필요한 최소한의 기간만 사용자 입력과 API 응답 결과를 저장하고, 보관 기간 이후에는 기관 및 API 양측 서버간 데이터 완전 삭제.

출처: 국가정보원(2023). 42쪽의 표 정리.

이 예상치 않은 작업을 수행하도록 유도할 수도 있다.

AI 모델 API의 데이터 보안

최근 공공 기관도 대규모 언어 모델에 기반한 다양한 서비스를 개발하고 있다. AI 모델은 보건, 복지, 미디어, 교육 등 다양한 분야에서 활용될 수 있고, 기관의 업무 효율화를 위한 업무 시스템이나 대국민 서비스 형태로 구축

될 수 있기 때문이다. AI 모델을 활용한 공공 서비스 개발 과정에서는 AI 모델 API 활용이 일반적인데, 데이터 보안을 위해 입력 데이터 검증, 개인정보 처리, 데이터 오남용 방지, API 키 관리 등을 점검하는 것이 필요하다.

입력 데이터 검증 시 고려할 사항으로는 API 호출 시 입력 데이터에 대한 유효성 검사를 수행해야 하며, API 호출 시 입력되는 데이터에 기관 내부 정보 혹은 개인정보가 포함되어 있는지 확인해야 한다.

개인정보 처리 시에도 「개인정보보호법」 준수, 민감정보 처리 전 사용자 동의, 익명화 정보 유출 시 식별 가능성 등을 검토해야 한다. 데이터 오남용 방지를 위해서도 API에 전달하는 사용자 입력 데이터 최소화, 불필요한 데이터 저장 및 공유 금지, 데이터 저장 기간 최소화 등에 주의해야 한다.

참고문헌

국가정보원사이버안보센터(2023.6.29). "챗GPT 등 생성형 AI 활용 보안 가이드라인", https://www.ncsc.go.kr:4018/main/cop/bbs/selectBoardArticle.do?bbsId=InstructionGuide_main&nttId=54340&pageIndex=1

07
AI와 합성 데이터

합성 데이터(Synthetic Data)란 특정 목적을 위해 원본 데이터의 형식과 구조 및 통계적 분포 특성과 패턴을 학습해 생성한 모의(simulated) 또는 가상(artificial) 데이터를 말한다. 합성 데이터는 원본 데이터의 개인 식별 정보나 민감 정보를 외부에 노출하지 않아 개인정보 이슈를 해결하는 방법으로 활용되고 있으며, 데이터 부족 문제를 해결할 수 있는 대안이다.

AI와 애니메이션?

합성 데이터 정의와 유형

합성 데이터란 특정 목적을 위해 원본 데이터의 형식과 구조 및 통계적 분포 특성과 패턴을 학습해 생성한 모의 또는 가상 데이터를 말한다(개인정보보호위원회, 2024). 유엔 유럽경제위원회는 이를 분석적(Analytical) 가치를 지니고 있으며, 높은 수준의 노출 통제(Disclosure control)를 유지하는 무작위적으로(Stochastically) 생성된 데이터로 정의한다(UNECE, 2022).

합성 데이터는 하버드대 통계학과 도널드 루빈(Donald Bruce Rubin)이 미국 정부 기관 프로젝트인 빈곤층에 대한 과소평가 같은 문제를 해결하는 과정에서 처음 제시했다(김현태 · 장가영, 2023). 통계학에서 관측되지 않은 자료인 결측값(Missing Value)이 생기면 이를 추정하기 위해 대체 방법(Imputation)을 사용하는데, 루빈 교수는 다중 대체법(Multiple Imputation)을 적용해 다수의 데이터세트를 생성하고, 이를 합성 데이터라고 불렀다.

합성 데이터는 재현 데이터라고도 불리는데, 인공으로 만든 가상 데이터이므로 원본 데이터의 개인 식별 정보나 민감 정보를 외부에 직접적으로 노출하지 않아 개인정보 이슈를 해결하는 방법으로 활용되고 있다. 또한 합성 데이터는 데이터 부족 문제나 데이터를 수집하기 어려운 상황을 해결할 수 있는 방안이다. 생성형 인공지능의 등장 이후, 경쟁적으로 대규모 데이터 확보에 사활을 걸고 있는데, 실제 생성되는 데이터는 부족하거나 확보에 비용이 많이 드는 등 어려움에 직면한 상황이라 합성 데이터가 더욱 주목받고 있다.

합성 데이터는 원본 데이터의 형태, 처리 목적에 따라 다양한 유형으로 구분할 수 있다(개인정보보호위원회, 2024). 원본 데이터의 형태에 따른 구분으로는 정형 합성 데이터와 비정형 합성 데이터가 있다. 정형 합성 데이터는 원본 데이터가 엑셀이나 CSV 파일 형식처럼 행과 열로 이뤄진 테이블 형태의 데이터에서 생성된 합성 데이터로, 숫자, 문자, 범주, 날짜 등 다양한 형태의 항목으로 구성되어 있다. 비정형 합성 데이터는 원본 데이터가 텍스트, 이미지, 영상, 음성 등 비정형 데이터로부터 생성된 합성 데이터를 말한다.

합성 데이터는 처리 목적에 따라 공개용 합성 데이터, 분석 및 AI 학습용 합성 데이터, 교육용 합성 데이터, 기술 검증용 합성 데이터로 구분할 수 있다. 여기서 기술 검증용 합성 데이터는 IT 시스템 위탁 개발 시, 개인정보가 포함된 테스트 데이터를 직접 제공하지 않기 위해 만들어진 합성 데이터를 말한다.

합성 데이터는 재현 범위와 방식에 따라 완전 합성 데이터(Fully Synthetic Data), 부분 합성 데이터(Partially Synthetic Data), 복합 합성 데이터(Hybrid Synthetic Data)로 분류할 수 있다(김현태 · 장가영, 2023). 완전 합성 데이터는 측정된 실제 데이터를 기반으로 모든 변수를 재현해 가상으로 생성된 데이터를 말한다. 정보 보호 측면에서 가장 강력한 보안성을 가지며, 제공되는 데이터가 실제 데이터를 포함하지 않으므로 민감 정보가 노출되지 않는다.

부분 합성 데이터는 공개하려는 변수 중 일부만을 선택해 재현 데이터로 대체한 데이터다. 노출 위험이 높거나 공개 불가능한 정보들을 임의로 선택해 그 변수에서만 값을 대체하기 때문에 정보 손실이 적고, 데이터 구조가 이전과 비슷하게 유지될 수 있다.

복합 합성 데이터는 완전 합성과 부분 합성 방법 둘 다 활용해 생성하는 데이터를 의미한다. 복합 합성 데이터는 일부 변수들의 값을 합성 데이터로 생성한 후 남은 실제 데이터를 이용해 또 다른 변수들의 값을 다시 합성 데이터로 생성하는 방법을 지칭하거나, 이미지 데이터에서 배경은 실제 이미지를 쓰고, 사물은 합성 이미지를 사용해 새로운 이미지를 생성하는 방식을 일컫기도 한다.

합성 데이터 생성 절차

합성 데이터의 생성 절차를 이론적 관점에서 정리하면 데이터 스키마(Data schema) 정의, 원데이터의 통계적 특성 확인, 적합한 재현 데이터 생성 방법 선택, 재현 데이터 생성, 재현 데이터 품질 평가, 재현 데이터 배포 및 사용의 개념적 단계로 구분할 수 있다(김현태 · 장가영, 2023). 첫 단계인 데이터 스키마 정의는 원 데이터의 구조, 데이터 유형, 관계 및 데이터에 적용되는 제약 조건과 규칙을 정하는 단계다. 여기서 데이터 스키마란 데이터베이스를 구성하는 데이터 개체(Entry), 속성(Attribute), 관계(Relationship), 데이터값의 제약 조건 등을 의미한다.

개인정보보호위원회(2024)는 「개인정보보호법」 준수라는 조건에서 합성 데이터를 생성할 수 있도록 안내서를 제시했는데 여기서는 합성 데이터의 생성 절차를 ① 사전 준비, ② 합성 데이터 생성, ③ 안전성 및 유용성 검증, ④ 심의위원회 평가, ⑤ 활용 및 안전한 관리의 5단계로 구성한다. 각 절차는 순차적으로 진행되며, 필요한 경우 각각의 단계에서 이전 단계로 돌아가 각 단계 목적이 달성될 때까지 반복 수행한다.

표 7-1. 합성 데이터 생성 이론적 단계

구분	내용
데이터 스키마 정의	원데이터의 구조, 데이터 유형, 관계 및 데이터에 적용되는 제약 조건 또는 규칙을 정하고 도식화.
원데이터 특성 확인	원데이터가 가지는 분포, 상관관계 및 기타 통계적 패턴 등의 정보를 확인.
합성 데이터 생성 방법 선택	다양한 합성 데이터 생성 알고리즘 중에서 데이터 스키마 및 통계적 특성에 따라 생성 방법론 채택.
합성 데이터 생성	선택한 방법을 사용해 합성 데이터가 원 데이터의 통계적 특성과 일치하도록 합성 데이터를 생성.
품질 평가	통계적 검정, 시각화, 원 데이터와의 단변량 및 다변량 비교를 통해 원 데이터와 비교, 평가.
배포 및 사용	머신 러닝 학습 모델 훈련 및 테스트, 데이터 증강, 데이터 공유 등 다양한 용도로 활용.

출처: 김현태·장가영(2023). 24-25쪽의 내용을 표로 정리.

사전 준비 단계에서는 합성 데이터 활용 목적과 범위, 생성, 활용 주체를 설정하고, 원본 데이터의 확보 등 합성 데이터 생성을 위한 사전 준비를 수행한다. 두 번째 단계인 합성 데이터 생성 단계에서는 실제 원본 데이터를 분석해 전처리를 수행하고, 알고리즘 등을 적용해 합성 데이터를 생성하고 후처리를 진행한다. 여기서 합성 데이터 후처리란 생성된 합성 데이터의 형식, 규칙, 논리적 제약 등을 원본 데이터와 비교해 추가 생성하거나 재

표 7-2 개인정보보호위원회의 합성 데이터 생성 절차

구분	내용
사전 준비	① 합성 데이터 활용 목적 및 활용 범위 설정 ② 합성 데이터 생성·활용 주체 설정 ③ 원본 데이터 이해 및 생성 계획 마련 ④ 원본 데이터 확보
생성	① 원본 데이터 탐색적 분석 ② 원본 데이터 전처리 ③ 합성 데이터 생성 ④ 합성 데이터 후처리
안정성 유용성 검증	① 측정 지표 결정 ② 지표별 임계값 산출 ③ 안전성 및 유용성 측정 ④ 검토 및 후 처리
심의위원회 평가	내외부 전문가로 구성된 심의위원회를 통해 합성 데이터의 익명성 평가
활용 및 안전한 관리	① 활용 ② 안전한 관리

출처: 개인정보보호위원회(2024). 도표를 표로 재구성.

생성하며, 일부 데이터를 삭제하는 과정을 말한다. 후처리는 데이터의 유용성을 크게 훼손하지 않는 범위 내에서 진행해야 한다.

세 번째 단계인 안전성 및 유용성 검증에서 안전성 검증이란 생성된 합성 데이터를 통해 원본 데이터 내 개인이 식별될 가능성이 있는지 검증하는 단계로 생성 방법에 따라 생성 과정에서 합성 데이터에 개인이 식별될 요

소가 포함될 수 있기 때문이다. 유용성 검증은 합성 데이터와 원본 데이터의 분포 특성이 얼마나 유사한지, 같은 목표를 달성할 수 있는지 등을 검증하는 단계다.

네 번째 단계인 심의위원회 평가 단계는 내외부 전문가로 구성된 심의위원회의 평가를 통해 합성 데이터가 충분히 안전하게 생성되었는지 최종 검토하는 단계다. 다섯 번째 단계는 활용 및 안전한 관리 단계로 구축한 합성 데이터를 다양한 목적으로 활용할 수 있도록 지속적으로 안전하게 관리하는 단계다. 익명 정보 성격의 합성 데이터는 자유롭게 활용이 가능하고 별도의 관리는 필요하지 않지만, 가명 정보 성격의 합성 데이터는 「개인정보보호법」상 안전 조치, 재식별 가능성 모니터링, 기록 관리, 파기 등 적절한 관리를 수행해야 한다.

합성 데이터 활용과 한계

합성 데이터는 개인정보를 침해하지 않고 안전하게 데이터를 활용할 수 있는 개인정보 보호 강화 기술(PET, Privacy Enhancing Technology)의 일종이다. 「개인정보보호법」에서는 완전 합성 데이터의 경우 설정된 안전성 수준에 따라 익명 정보 또는 가명 정보로 간주할 수 있고, 부분 합성 데이터는 개인정보가 포함돼 있을 가능

표 7-3. 합성 데이터의 적법 요건 확인 필요성

<table>
<tr><th>유형</th><th colspan="2">구분</th><th>내용</th></tr>
<tr><td rowspan="3">완전 합성</td><td colspan="2">목적 내 활용</td><td rowspan="2">「개인정보보호법」에 따라 합성 데이터 생성·활용 가능.</td></tr>
<tr><td rowspan="2">목적 외 활용</td><td>익명 정보</td></tr>
<tr><td>가명 정보</td><td>가명 정보의 처리 등(「개인정보보호법」 제28조의2)에 따른 적법 요건 확인 : 통계 작성·과학적 연구·공익적 기록 보존 등 목적 해당 여부.</td></tr>
<tr><td rowspan="2">부분 합성</td><td colspan="2">개인 식별 가능 부분 전체를 합성 데이터로 대체</td><td>완전 합성과 동일하게 수집 목적, 합성 데이터 성격(익명 정보 여부)에 따라 동의 필요성 등 적법 요건 확인.</td></tr>
<tr><td colspan="2">그 외</td><td>합성 데이터 결과물의 개인정보 포함 여부를 먼저 확인하고, 개인정보가 포함돼 있으면서 수집 목적 외로 활용된다면 별도 동의 등 적법 요건을 갖추어야 함.</td></tr>
</table>

출처: 개인정보보호위원회(2024). 22쪽의 표 인용.

성 때문에 단순히 익명 또는 가명 정보로 분류하기 어려워 검증 절차 등을 거쳐 안전성을 확인해야 한다. 합성 데이터의 생성, 활용과 관련한 내용은 「개인정보보호법」 제15조, 제17조, 제18조, 제26조, 제58조의2 등에 나와 있는데, 익명 정보로 합성 데이터를 생성, 활용할 때에는 「개인정보보호법」 적용에서 제외된다.

합성 데이터는 개인정보가 재식별될 가능성이 존재하

며, 합성 데이터 자체가 허위 정보 또는 편향된 정보로 사회적 부작용을 유발할 가능성이 있다. 생성된 합성 데이터의 품질이 낮거나, AI 학습에 활용된 합성 데이터가 신뢰성이 떨어져 허위 정보가 지속해서 확대되는 문제를 방지하려면 안전성 검증과 함께 유용성 검증도 수행해야 한다. 또한 합성 데이터는 원본 데이터가 가지고 있는 통계적 특성, 경향 등은 그대로 유지하지만, 원본 데이터의 열 합계(Column sum) 등은 합성 데이터와 정확히 일치하지 않으므로 이용할 때 주의가 필요하다.

참고문헌

개인정보보호위원회(2024.12.18). "합성 데이터 생성·활용 안내서", https://www.pipc.go.kr/np/cop/bbs/selectBoardArticle.do?bbsId=BS074&mCode=C020010000&nttId=10871

김현태·장가영(2023). "데이터 가명·익명처리 기법의 현황과 대안: 재현데이터를 중심으로". 보험연구원, https://www.kiri.or.kr/report/downloadFile.do?docId=391039

UNECE(2023.1). Synthetic data for official statistics: A starter guide, https://unece.org/statistics/publications/synthetic-data-official-statistics-starter-guide

08
AI 데이터 센터

AI 데이터 센터란 AI 애플리케이션과 서비스를 학습, 배포, 제공하는 데 필요한 IT 인프라를 갖춘 시설로, AI 업무를 처리할 수 있는 고성능 컴퓨팅, 네트워크, 스토리지와 에너지 및 냉각 기능을 갖추고 있다. AI 데이터 센터는 AI 모델 학습과 추론을 목적으로 대규모 병렬 처리와 딥러닝 연산이 필요하므로, GPU와 TPU 등 고성능 가속기로 구성되어 있어 전력 소모와 발열이 데이터 센터에 비해 많고, 네트워크 인프라도 초고속 데이터 전송용으로 설계되어 있다.

AI와 인재 채용?

데이터 센터

데이터 센터(Data center)란 컴퓨터 시스템과 통신장비, 저장 장치인 스토리지(Storage) 등이 설치된 시설을 말한다(Roebuck, 2011). 「국가정보화기본법」을 2020년 전면 개정한 「지능정보화기본법」에서는 데이터 센터를 지능 정보 서비스의 제공을 위해 다수의 초연결 지능 정보 통신 기반을 일정한 공간에 집적시켜 통합 운영 · 관리하는 시설로 정의하고 있다.

데이터 센터는 인터넷 검색과 이메일, 온라인 쇼핑 등의 작업을 처리하는 공간으로 잠시라도 전원 공급이 중단되면 기능이 마비되기 때문에 예비 전력 공급 장치와 예비 데이터 통신 장비를 갖추고 있으며, 컴퓨터 장비는 열기를 배출하기 때문에 냉방 시설과 소방 시설, 보안 장치 등을 갖추고 있다(정용찬, 2013). 데이터 센터는 주로 웹 서비스, 이메일, 금융 거래, CCTV 저장 등 다양한 정보 시스템을 운영하는 데 사용된다.

데이터 센터는 인터넷 연결이 필수이므로 통신 기기인 라우터(Router)와 데이터를 저장하기 위한 서버, 안정적 전원 공급을 위한 장치인 UPS 등으로 구성된다. 대규모 데이터 저장을 위한 장비인 서버가 가장 부피를 많이 차지하기 때문에 서버 호텔이라 표현하기도 한다.

라우터는 서로 다른 네트워크가 연결된 인터넷 환경에서 데이터가 통신할 수 있도록 연계하는 네트워크 장치다. 데이터가 목적지까지 최적의 경로를 찾아 이동하도록 경로를 설정하며, 방화벽 기능이나 콘텐츠 필터링 기능을 제공해 악성 트래픽이나 원치 않는 콘텐츠로부터 네트워크를 보호한다. 가정에서 컴퓨터나 스마트폰, 태블릿 등을 와이파이로 인터넷에 연결할 때 사용하는 모뎀(Modem)은 디지털 신호를 아날로그 신호로 변환(변조)해 전송하고, 수신된 아날로그 신호를 다시 디지털 신호로 변환(복조)해 정보를 주고받는 장치다. 라우터는 모뎀에서 보내준 데이터를 네트워크 내의 적절한 곳으로 중개하는 역할을 하므로 라우터와 모뎀은 가정용 인터넷의 핵심 구성 요소다.

UPS는 무정전 전원장치(Uninterruptible Power Supply system)의 약자다. 데이터를 저장하고 있는 서버는 정전이 되면 작업 중이던 데이터가 사라지거나 민감한 하드웨어가 망가질 가능성이 높기 때문에 이를 방지하기 위해 정전이 발생해도 전력을 일정 시간 계속 공급해 줄 수 있는 장치다.

서버는 계산, 네트워킹, 데이터 처리 등의 작업을 수행하는 컴퓨터 시스템이다. 서버는 이용자(클라이언트)

의 요청에 따라 검색, 데이터베이스 접근 등의 작업을 수행하는데, 그 기능에 따라 웹 서버, 파일 서버로 구분한다. 서버는 컴퓨터 시스템인 하드웨어와 운영체제, 서버 애플리케이션이 포함된 소프트웨어로 구성된다.

스토리지는 데이터를 저장하고 관리하는 기능을 담당하는 장치로, 데이터를 안정적으로 저장하고, 필요시 접근할 수 있도록 한다. 스토리지는 하드 디스크 드라이브(HDD)나 솔리드 스테이트 드라이브(SDD) 같은 저장장치로 구성된다.

데이터 센터는 IDC(Internet Data Center)라고 부른다. 데이터 센터에 인터넷 연결이 필수기 때문이다. 클라우드 컴퓨팅을 위한 데이터 센터는 CDC(Cloud Data Center)라고 부른다. 클라우드 기능도 인터넷 연결이 필수고, 데이터 센터의 구성에서 큰 차이가 없으므로 클라우드 기능에 특화된 데이터 센터로 간주할 수 있다. 최근 들어 클라우드 서비스 대중화로 인해 일반적인 데이터 센터들도 클라우드 컴퓨팅 기능을 갖추고 있으므로 데이터 센터, IDC, CDC 간의 차이는 점점 퇴색하고 있다.

AI 데이터 센터

AI 데이터 센터란 AI 애플리케이션과 서비스를 학습, 배포, 제공하는 데 필요한 IT 인프라를 갖춘 시설로, AI 관련 업무를 처리할 수 있는 고성능 컴퓨팅, 네트워크, 스토리지와 에너지 및 냉각 기능을 갖추고 있다(IBM). AI 데이터 센터는 라우터와 서버, 스토리지 등 데이터 센터와 동일한 요소로 구성되어 있어 큰 차이를 보이지 않는다. 또한 안정성과 보안, 에너지 효율성을 고려해야 한다는 점에서 유사성을 보인다.

데이터 센터는 데이터의 저장과 관리를 목적으로 전통적인 연산과 저장 기능에 중점을 두고 있기 때문에 하드웨어도 중앙 처리 장치(CPU, Central Processing Unit) 중심의 서버와 일반 스토리지로 구성되어 있고, 네트워크 인프라도 일반 트래픽 처리에 특화되어 있다. 반면 AI 데이터 센터는 AI 모델 학습과 추론을 목적으로 대규모 병렬 처리와 딥 러닝 연산이 필요하므로 GPU(Graphics Processing Unit)와 TPU(Tensor Processing Unit) 등 고성능 가속기와 고속 DRAM(Dynamic Random-Access Memory)으로 구성되어 있어 전력 소모와 발열이 데이터 센터에 비해 많고, 네트워크 인프라도 초고속 데이터 전송용으로 설계되어 있다.

CPU가 일반 컴퓨팅이나 웹 등에 사용되는 것과 달리 GPU는 게임이나 비디오 렌더링, AI 학습에 사용되며,

표 8-1. CPU, GPU, TPU 비교

구분	CPU	GPU	TPU
정의	중앙처리장치	그래픽, 병렬 처리 전용 연산 장치	텐서 연산에 특화된 AI 전용 연산 장치
용도	운영 체제 등 일반 연산	그래픽 처리, 병렬 연산, 딥 러닝	딥 러닝 학습과 추론
성능	단일 연산 속도 빠름	병렬 연산 빠름	AI 모델 학습, 추론 빠름
개발사	인텔, AMD	NVIDIA, AMD	구글
구성	소수의 고성능 코어	수천 개의 병렬 코어	행렬, 벡터 연산 특화 유닛

TPU는 AI 학습과 서비스 추론 분야에서 사용된다는 점에서 차이가 있다. PC나 스마트폰, 서버에 사용되는 CPU와 달리 GPU는 그래픽 처리용으로 개발되었는데, 병렬 연산에 특화되어 있다. 구글이 설계한 TPU는 딥 러닝 전용 연산기로 행렬 연산에 최적화되어 있는데, 구글 등의 데이터 센터에서 대규모 AI 모델 훈련과 추론에 사용된다.

AI 데이터 센터 유형

AI 데이터 센터는 운용 특성에 따라 하이퍼스케일 데이터 센터(Hyperscale data center)와 코로케이션 데이터 센터(Colocation data center) 방식으로 구분한다(IBM). IDC의 정의에 따르면 하이퍼스케일 데이터 센터는 5,000개 이상의 서버로 구성되고, 최소 10,000제곱피트의 물리적 공간을 차지하는 거대 규모의 시설로, 생성형 AI 같은 대규모 작업을 위한 시설이다. 5,000대의 서버가 24시간 연중무휴 가동되므로 안정적인 전력 공급을 위해 전기 부하를 안전하게 처리하기 위한 전용 전력선과 장비는 물론 정전에 대비한 백업 전원 시스템이 필수적이다. 또 5,000대의 서버에서 발생하는 엄청난 열을 식히기 위한 냉각 시스템을 지원하는 특수 급수관과 배관이 필수 시설이다. 아마존 웹 서비스(AWS), 마이크로소프트 애저(Microsoft Azure), 구글 클라우드 플랫폼(GCP)에서 인공지능, 자동화, 데이터 분석, 데이터 저장, 데이터 처리 등 다양한 목적으로 사용한다.

코로케이션 데이터 센터는 한 회사가 하이퍼스케일 데이터 센터를 소유하고, 해당 시설과 서버 및 대역폭을 다른 회사에 임대하는 방식이다. 이를 이용하는 기업은 대규모 투자 없이 하이퍼스케일 데이터 센터의 장점을 활용할 수 있다. 코로케이션 데이터 센터의 유형으로는 소매 코로케이션(Retail Colocation), 도매 코로케이션

(Wholesale Colocation), 중립 코로케이션(Carrier-Neutral Colocation), 관리형 코로케이션(Managed Colocation) 등이 있다.

소매 코로케이션은 다수 임차인 기반의 비즈니스로, 공간만 임대해 주고, 고객들이 직접 서버와 스토리지를 채워 넣는 형태다. 데이터 센터 사업자는 공간과 원격 관리 서비스, IP, 클라우드 연결 등의 서비스를 제공한다(https://www.datanet.co.kr). 도매 코로케이션은 대기업이나 클라우드 서비스 제공업체가 단일 임차인에게 데이터 센터를 대여해 주는 방식이다. 중립 코로케이션은 임차인이 필요에 따라 여러 회선 사업자의 회선을 사용할 수 있는 방식이며, 관리형 코로케이션은 물리적인 공간뿐 아니라 코로케이션 업체가 제공하는 서버 모니터링, 유지 보수, 보안 등 추가 관리 서비스를 포함하는 방식이다.

참고문헌

윤현기(2020.9.12). "데이터 센터 산업, 클라우드 수요 업고 급성장". 데이터넷, https://www.datanet.co.kr/news/articleView.html?idxno=150641

정용찬(2013). 《빅데이터》. 커뮤니케이션북스.

IBM(2025.2.21). "What is an AI data center?".
https://www.ibm.com/think/topics/ai-data-center

Roebuck, K.(2011). *Storing and managing big data - NoSQL, Hadoop and More: High-impact strategies.* Emereo.

09
AI 국가 전략과 데이터

주요국은 AI 국가 전략을 통해 주도권 확보에 사활을 걸고 있으며, AI 데이터 인프라 확충에 노력하고 있다. 중국은 공공 데이터 개방과 거래소를 통한 데이터 유통 활성화로 AI 강국으로 도약했으며, 일본은 AI 개발 기반의 육성과 강화를 위한 데이터 자원의 집적과 제휴를 강조한다. 한국도 AI 3대 강국 도약을 위해 공공 데이터 전면 개방, AI 학습용 데이터 구축 확대, 기업 맞춤형 데이터 활용 지원에 역점을 두고 있다.

AI와 기자?

미국

2016년 '국가 AI R&D 전략(National AI R&D Strategic Plan)'을 수립한 미국은 2019년 2월 행정 명령인 「미국 인공지능 이니셔티브(The American AI Initiative)」를 발표했다. 연구 개발, AI 인프라, AI 거버넌스, 인력, 국제 참여 등 5대 핵심 분야에서 미국의 주도권을 강화하는 것을 목표로 설정했다.

국방 분야 관련 예산, 지출과 정책을 다루는 법률인 「국방수권법(NDAA, National Defence Authorization Act)」은 2019년에 연방 법률로는 처음으로 AI에 대한 정의를 성문화했다. 국방과 국가 안보 분야의 AI 기술 개발과 함께 데이터 저장소와 관련된 내용을 규정했다(오유빈, 2024).

조 바이든 대통령은 2024년 10월 「AI 국가 안보 각서(AI National Security Memorandum)」에 서명했다. 미국이 인공지능 분야에서 우위를 유지하고, AI를 국가 안보를 위해 책임감 있게 활용하는 데 필요한 지침과 정부 기관별 이행 사항을 담고 있는 이 행정 명령은 AI의 기술적 우위를 잃는 것은 미국의 국가 안보에 큰 피해를 줄 뿐 아니라, 외교 정책 목표까지 훼손한다고 보고, 미국의 AI 우위를 유지하기 위한 가장 중요한 임무를 인재 유치로 설정했다.

「AI 국가 안보 각서」는 AI 발전의 핵심 동인인 알고리즘 개선, 컴퓨팅 성능 향상, 업계 투자, 데이터 확장이 지속되어 더욱 강력하고 범용적인 AI가 예상되므로 새로운 리소스와 인프라 체계가 필요하다고 밝혔다. 미국의 기초 AI 역량 증진과 확보를 위해 인재 확보와 컴퓨터 인프라 구축을 제안했고, 이에 국립과학재단(NSF)이 국가 인공지능 연구 자원(NAIRR)을 통해 대학과 비영리 단체 등에 컴퓨팅 자원은 물론 데이터를 제공할 것을 명시했다. 미국 AI 생태계를 외국의 위협으로부터 보호하기 위해 데이터 현지화(Data localization) 등의 방법을 통한 지적 재산 획득 시도를 경계해야 한다고 명시했다(한국지능정보사회진흥원, 2024). 데이터 현지화란 특정 국가에서 수집한 자료는 해당국 안에서만 저장하고 처리해야 한다는 원칙으로, 예를 들어 넷플릭스를 이용하는 한국인들의 데이터 처리는 한국에 데이터 센터를 설치해 처리해야 한다. 자국 데이터 보호 차원에서 유럽연합(EU)과 중국, 러시아 등이 데이터 현지화를 강조하고 있다.

중국

2017년 공표한 「차세대 AI 발전계획(新一代人工智能发展规划)」에서 중국은 2030년까지 AI 이론과 기술, 응용 분야 모두 세계 최고 수준에 도달하고, 중국을 글로벌 AI 혁신 센터로 조성하는 것을 전략 목표로 삼았다(이정아, 2025). 2022년 20차 당대회에서는 AI, IT, 신에너지를 미래 성장 3대 엔진으로 지정했다. 2024년에 공개한 정부 활동 보고에서 'AI+' 행동 계획이 처음으로 제시되었는데, 이는 AI 기술을 모든 산업과 응용 분야에 적극적으로 결합하는 단계로 진입하는 것을 의미한다.

중국은 AI 대국으로 도약하기 위해 인공지능 경쟁력 강화 정책을 추진하고 있다. 국가가 주도해 AI R&D와 응용 분야 진흥 정책을 강력하게 추진해 산업별 특화된 AI 모델을 개발하는 등 AI 기술력과 혁신성을 높여 AI 분야에서 미국에 이어 세계 2위를 차지하고 있다. 최근에는 '신체화 AI(Embodied AI)'에 역점을 두고, 지능형 로봇 개발에 기업 참여를 유도해 일부 분야의 기술력은 세계 정상 수준으로 성장했다. 화웨이는 광둥성 선전시와 협력해 글로벌 신체화 AI 산업 혁신 센터 운영을 시작했다고 2024년 11월 발표했다. 2025년 3월 5일에 시작한 전국인민대표대회에서는 기술 혁신을 더욱 촉진하고 자립성을 높이기 위해 AI 모델 응용과 벤처 캐피탈 투자 발전을 지원하는 노력을 강화할 것이라고 발표했다(이정아, 2025).

중국이 AI 분야에서 세계 2위로 도약하게 된 배경에는 데이터가 있다. 중국이 AI 개발을 촉진하는 3가지 특징은 신속한 사회적 적용이 가능, 오픈 데이터 및 데이터 유통 촉진과 활용, 오픈 이노베이션으로 꼽을 수 있는데, 특히 공공 데이터 개방과 데이터 거래소를 통해 데이터 유통을 활발히 추진한 것은 기업들이 AI 개발에 적극 활용할 수 있는 환경을 조성했다는 점에서 의의가 있다. 중국 AI 기술 경쟁력의 네 가지 원천도 인재, 데이터, 컴퓨팅 파워, 지방별 차별화된 AI 경쟁력 보유로 요약하는데 AI 훈련과 정확도 향상의 핵심 요소가 데이터이며, 14억 인구가 생산하는 데이터를 보유한 중국은 이 점에서 강점을 가지고 있다.

영국

영국은 2021년 9월 글로벌 AI 강국으로 만들기 위한 10년 계획으로 '국가 AI 전략(National AI Strategy)'을 발표했으며, 2022년 7월 '국가 인공지능 전략 실행 계획(National AI Strategy-AI Action Plan)을 제시했고, 2024년 1월 '정부를 위한 생성형 AI 프레임워크(Generative

표 9-1. 영국 국가 AI 전략 실행 계획과 데이터 전략

구분	AI 생태계 조성을 위한 장기적 투자	효과적인 AI 거버넌스 구축
단기	경제 전반의 데이터 가용성 향상을 위한 정부의 역할에 대한 프레임워크 발표	AI 거버넌스에서 데이터 보호라는 새로운 방향성 협의
장기	AI 모델을 위해 공개할 수 있는 개방적이고 기계 판독이 가능한 정부 데이터 세트 검토	-

출처: 우하린·송방현 외(2024). 15쪽 표 2를 발췌 정리.

AI Framework for HM Government)'를 발표했다.

영국 정부는 국가 AI 전략의 비전을 '향후 10년간 AI와 과학 초강국 영국'으로 선언하고, 실행 계획을 단기(향후 3개월), 중기(향후 6개월), 장기(향후 12개월 이후)로 구분해 제시했다. 데이터와 관련된 사항으로는, AI 생태계 조성을 위한 장기적 투자 영역에서 단기적 목표로 경제 전반의 데이터 가용성 향상을 위한 정부의 역할에 대한 프레임워크 발표와 함께 교육부의 기술 부트 캠프를 통해 AI, 데이터과학, 디지털 기술 개발 지원을 명시했다. 장기적 목표로는 AI 모델을 위해 공개할 수 있는 개방적이고 기계 판독이 가능한 정부 데이터세트 검토를 제시했다. 효과적인 AI 거버넌스 구축 영역에서는 단기 목표

로 'AI 거버넌스에서 데이터 보호'라는 새로운 방향성을 협의할 것을 선언했다(우하린 · 송방현, 2024).

일본

일본은 2017년 3월 '인공지능기술전략회의'에서 인공지능 기술 전략과 인공지능의 연구 개발 목표 및 산업화 로드맵을 발표했고, 2019년 3월에는 'AI 전략 2019'에서 산업 활력 제고와 저성장, 고령화 등 사회 문제 해결을 위해 AI 기술 혁신을 가속화할 것을 선언했다.

'인공지능 사회 원칙'과 함께 발표된 AI 전략은 AI 사회의 핵심인 데이터 기반 구축을 제시하고 있다. 공통으로 이용되는 빅데이터(예, 위성 데이터)와 관련된 인프라와 플랫폼을 정비하고, 수집한 빅데이터의 편향성 및 오류를 감지하고, 품질 보증을 할 수 있는 기반 기술을 수립한다. 데이터 품질을 담보하기 위한 국제 표준을 제안하고, 산업 분야별 보안 가이드라인을 마련하며, 데이터 접근과 평가 등 데이터 유통 기반을 구축한다(유재홍, 2019). 2023년 4월 발표한 "인공지능 백서"에서도 일본 AI 개발 기반 육성과 강화를 위해 데이터 자원의 집적과 제휴를 강조했다.

일본은 2025년 5월 참의원(상원) 본회의에서 「인공지능 관련 기술 연구 개발 및 활용 추진에 대한 법률안」이 통과되었다. 총리를 본부장으로 한 'AI 전략 본부'를 신설하고, 연구 개발 추진을 위한 정부 기본 계획을 수립하는 내용을 담고 있다.

한국

우리나라 역시 주요국의 4차 산업혁명 대비와 AI 주도권 확보 노력에 대응하고, 우리 경제의 활력 제고와 사회 문제 해결을 목표로 2019년 12월 '인공지능 국가 전략'을 발표했다. 과학기술정보통신부를 비롯한 20개 부처와 청이 합동으로 발표한 인공지능 국가 전략은 "IT 강국을 넘어 AI 강국으로"라는 구호 아래 경제와 사회 전반의 혁신을 위한 3대 분야, 9대 전략, 100대 실행 과제를 제시했다(관계부처 합동, 2019).

세계를 선도하는 인공지능 생태계 구축, AI를 가장 잘 활용하는 나라, 사람 중심의 AI를 실현하는 나라로 제시한 3대 분야 중에서 데이터와 직접적으로 관련된 분야는 인공지능 생태계 구축으로, 9대 전략 중 첫 번째 전략인 AI 인프라 확충을 위해 빅데이터 45,000종을 개방하는 구체적인 목표를 제시했다.

AI 인프라 확충을 위한 주요 추진 과제로는 활용 가능한 데이터가 부족하고 중소기업이 구축하기 어려운 고성능 컴퓨팅 자원 부족 문제를 해결하기 위해 공공 기관이 보유한 공공 데이터를 전면 개방하고, AI 학습용 데이터 구축 확대를 통해 AI 인프라를 확충하고, 기업이 필요로 하는 맞춤형 데이터 활용 지원을 확대하며, 대학, 기업, 연구소의 AI 개발을 지원하기 위한 컴퓨팅 파워를 확대하고, 지역별 특성을 고려한 전국 단위의 AI 거점화 전략을 수립할 것을 명시했다(관계부처 합동, 2019). 산업 전반의 AI 활용 활성화 전략에서 제시한 AI와 데이터를 기반으로 한 스마트 공장 고도화, 개방형 스마트 시티 데이터 허브 구축, 에너지 빅데이터 플랫폼 구축, 미세 먼지 예보 정확도 제고 등도 데이터와 직접적으로 관련된 전략이다. 과학기술정보통신부가 발표한 '2025년 과기정통부 업무계획'에서도 3대 정책 방향과 9개 핵심 정책 과제를 제시했다. 인공지능 세계 3대 강국 도약을 위한 실천 과제로 민관 합작으로 국가 인공지능 컴퓨팅 센터를 구축하고, 데이터 센터 구축 관련 규제를 개선할 것을 선언했다.

참고문헌

과학기술정보통신부(2019.12.17). 인공지능국가 전략 발표,

https://www.msit.go.kr/bbs/view.do?sCode=user&nttSeqNo=2405727&pageIndex=1&searchTxt=%EA%B5%AD%EA%B0%80%EC%A0%84%EB%9E%B5&searchOpt=ALL&bbsSeqNo=94&mId=113&mPid=112

과학기술정보통신부(2025.1.16). 2025년 과기정통부 업무계획 발표, https://www.msit.go.kr/bbs/view.do?sCode=user&mId=307&mPid=208&bbsSeqNo=94&nttSeqNo=3185356&searchOpt=ALL

관계부처 합동(2019). "인공지능 국가 전략", https://www.lawtimes.co.kr/LawFirm-NewsLetter/158398

김태순·이상은(2024.11.6). "미국 AI 국가 안보 각서(AI NSM) 분석 및 시사점". 《THE AI REPORT》, 한국지능정보사회진흥원.

오유빈(2024.1.4). 미국의 인공지능 입법 현황과 바이든 행정부의 행정 명령. 《현안, 외국에선?》, 73(1), https://lnp.nanet.go.kr/policy/assemblyBodo/detail.do?controlNo=146021

우하린·송방현(2024). "국가별공공부문AI 도입 및 활용전략". 《KIPA 정부혁신 트렌드》, 4, https://innovation.go.kr/ucms/bbs/B0000003/view.do?nttId=17695&menuNo=300252&searchType=3&requestURI=%2Fucms%2FpcyDta%2FpcyDta%2Fsearch.do&groupId=pcyDta&lcnt=10&searchKeyword=&pageIndex=1

유재흥(2019.6.18). "일본의 인공지능 전략 동향: AI 전략 2019", https://spri.kr/posts/view/22689?code=data_all&study_type=&board_type=industry_trend

이정아(2025. 3). "중국의 인공지능(AI) 정책 전략 현황과 변화 방향". 《THE AI REPORT》. 한국지능정보사회진흥원.

정용찬(2025). 《인공지능 산업》. 커뮤니케이션북스.

10
「AI 기본법」과 데이터

인공지능 산업의 발전을 지원할 근거와 기준을 명시한 「인공지능 발전과 신뢰 기반 조성 등에 관한 기본법」에서 데이터와 직접적으로 관련된 조항은 생성형 인공지능(제2조), 인공지능 학습용 데이터(제15조), 인공지능 데이터 센터(제25조)가 있다.

AI와 미래 의사?

「인공지능기본법」

AI가 우리 경제와 사회, 문화 전 영역에서 미치는 영향력이 증가함에 따라 국회에서도 인공지능 관련법을 제정해야 한다는 목소리가 커졌다. 안철수 의원 등 12인이 2024년 5월 31일 발의한 「인공지능 산업 육성 및 신뢰 확보에 관한 법률안」을 시작으로 2024년 한 해에만 인공지능 산업 진흥과 관련되어 의회에 계류 중인 의원 입법은 9개에 달한다(정용찬, 2025). 인공지능 산업뿐 아니라 「인공지능기술기본법안」, 「인공지능 기본법안」, 「인공지능책임법안」 등 관련 입법안은 19개에 이르렀다.

제418회 국회 제3차 정보통신방송법안심사소위원회(2024.11.21)는 인공지능과 관련된 19건의 법률안을 통합 조정해 국회 과학기술정보방송통신위원회 위원장 명의로 「인공지능 발전과 신뢰 기반 조성 등에 관한 기본법안(대안)」을 본회의에 회부했고, 통합 법안은 12월 26일 본회의를 통과했다.

「인공지능기본법」은 제정 목적을 인공지능의 건전한 발전과 신뢰 기반 조성에 필요한 사항을 규정함으로써 국민의 권익과 존엄성을 보호하고, 국민의 삶의 질 향상에 이바지한다고 명시했다(제1조). 이 법은 인공지능의 성능이 비약적으로 발전하면서 인공지능이 산업은 물론

표 10-1. 인공지능 관련 의원 입법안

의안명(제안자)	제안일
인공지능 산업 육성 및 발전 등에 관한 법률안(정희용 의원 등 16인)	2024.11.18
인공지능 산업 육성 및 신뢰 기반 조성 등에 관한 법률안(최민희 의원 등 11인)	2024.11.14
인공지능 산업 진흥에 관한 법률안(정동영 의원 등 14인)	2024.11.11
인공지능 산업 진흥 및 인공지능 이용 등에 관한 법률안(이해민 의원 등 16인)	2024.11.11
인공지능 산업 육성 및 신뢰 기반 조성 등에 관한 법률안(이정헌 의원 등 13인)	2024.10.29
인공지능 산업 진흥 및 신뢰 확보 등에 관한 특별법안(김우영 의원 등 19인)	2024.9.24
인공지능 산업 육성 및 신뢰 확보에 관한 법률안(김성원 의원 등 11인)	2024.6.19
인공지능 산업 육성 및 신뢰 확보에 관한 법률안(조인철 의원 등 19인)	2024.6.19
인공지능 산업 육성 및 신뢰 확보에 관한 법률안(안철수 의원 등 12인)	2024.5.31

출처: 정용찬(2025). 89쪽의 표 10-1. 원 출처는 국회 의안정보시스템.

사회를 바꾸는 기반 기술로 작동함에 따라 우리 사회 각 분야에서 인공지능의 활용이 급속히 확대되고 있는 상황을 반영해 제기했다고 입법 사유에서 밝히고 있다. 특히 생성형 인공지능의 등장으로 인공지능이 제공할 긍정적인 혜택과 함께 위험성에 대한 우려가 커지고 있는 현실을 반영했음을 밝혔다(국회과학기술정보방송통신위원장, 2024).

「인공지능기본법」은 5장 43조로 구성되어 있다. 인공지능의 건전한 발전과 신뢰 기반 조성을 위한 추진 체계(제2장)로 인공지능 기본 계획 수립, 국가 인공지능위원회, 인공지능정책 센터를 제안했고, 인공지능 기술 개발 및 산업 육성(제3장)을 위해 인공지능 기술 개발 및 안전한 이용 지원, 인공지능 기술의 표준화, 인공지능 학습용 데이터 관련 시책의 수립, 인공지능 기술 도입 · 활용 지원, 중소기업 특별 지원, 창업 활성화, 인공지능 융합의 촉진, 전문 인력 확보, 인공지능 집적 단지 지정, 인공지능 실증 기반 조성, 인공지능 데이터 센터 관련 시책의 추진 조항을 포함했다.

「인공지능기본법」은 인공지능 산업의 진흥뿐 아니라 인공지능 사회의 신뢰 기반 조성에 필요한 사항을 규정해, 국민의 권익과 존엄성을 보호하고, 국민의 삶의 질 향상과 국가 경쟁력을 강화하는 데 기여할 것을 밝히고 있다(국회 과학기술정보방송통신위원장, 2024). 이를 위해 「인공지능기본법」은 인공지능 윤리 및 신뢰성 확보(제4장)를 위해 인공지능 윤리 원칙 제정, 민간 자율 인공지능 윤리 위원회의 설치, 인공지능 신뢰 기반 조성을 위한 시책 마련, 인공지능 안전성 · 신뢰성 검 · 인증 지원, 인공지능 투명성 확보 의무, 인공지능 안전성 확보 의무, 고영향 인공지능 관련 사업자의 책무, 인공지능 영향 평가 조항을 제정했다.

생성형 인공지능과 데이터

「인공지능기본법」에서 데이터와 직접적으로 관련된 조항으로는 생성형 인공지능(제2조), 인공지능 학습용 데이터(제15조), 인공지능 데이터 센터(제25조) 등이 있다.

「인공지능기본법」은 "생성형 인공지능"을 입력한 데이터의 구조와 특성을 모방해 글, 소리, 그림, 영상, 그 밖의 다양한 결과물을 생성하는 인공지능 시스템으로 정의하고 있다. 생성형 인공지능의 정의에서 사용한 "데이터"는 「데이터 산업진흥 및 이용촉진에 관한 기본법」 제2조제1호에 따른 데이터를 말하는데, 「데이터 산업법」에서는 데이터를 "다양한 부가가치 창출을 위해 관찰, 실험, 조사, 수집 등으로 취득하거나 정보 시스템 및 「소프트웨어 진흥법」 제2조제1호에 따른 소프트웨어 등을 통해 생성된 것으로서, 광(光) 또는 전자적 방식으로 처리될 수 있는 자료 또는 정보"로 정의한다.

생성형 인공지능은 지시한 명령에 따라 텍스트나 이미지, 동영상 등 다양한 미디어를 생산하는 인공지능 시스템으로, 입력한 훈련용 데이터의 패턴과 구조를 학습한 다음 이와 유사한 특성을 가진 새로운 데이터를 만든다. 대표적인 생성형 AI 시스템으로 오픈AI의 챗GPT, 구글의 제미나이(Gemini) 등이 있고, 이미지 생성 시스템으로는 오픈AI의 달리, 미드저니 등이 있다. 생성형 AI는 예술, 작문, 소프트웨어 개발, 의료, 금융, 게이밍, 마케팅, 패션 등 다양한 산업에서 활용하고 있는데, 가짜뉴스나 딥페이크에도 사용되어 우려가 커지고 있다(Wikipidia).

생성형 인공지능이 주목받는 이유는 주어진 데이터를 분석하는 데 머물지 않고 이를 학습해 새로운 유형의 콘텐츠를 만들기 때문이다. 일종의 창작과 유사한 기능을 수행한다는 점에서 기존의 인공지능과 차별점이 있다. 생성형 인공지능은 2022년 미국 콜로라도주에서 열린 미술 대회에서 디지털 아트 부문에서 1등상을 수상한 작품 〈스페이스 오페라 극장(Théâtre D'opéra Spatial)〉이 생성형 인공지능 플랫폼인 '미드저니'를 사용한 것으로 알려져 주목받았다. 이후 오픈AI의 챗GPT가 등장하면서 일반인도 검색에서 인공지능을 활용하는 '인공지능

일상화' 시대가 되었다.

「인공지능기본법」은 인공지능의 투명성 확보를 위해 인공지능 사업자가 생성형 인공지능을 이용한 제품이나 서비스를 제공할 때 반드시 이 사실을 이용자에게 사전에 알려야 할 것을 의무로 하고 있다.

인공지능 데이터 센터

인공지능 데이터 센터란 지능 정보 서비스의 제공을 위해 다수의 초연결 지능 정보 통신 기반을 일정한 공간에 집적시켜 통합 운영 · 관리하는 시설을 말한다(「지능정보화기본법」 제40조제1항). 「인공지능기본법」은 인공지능 데이터 센터 관련 시책의 추진에 대한 내용을(제25조) 담고 있다. 즉 정부가 인공지능의 개발 · 활용 등에 이용되는 데이터 센터의 구축 및 운영을 활성화하기 위해 다양한 시책을 추진해야 한다고 규정하고 있다.

즉 인공지능 데이터 센터의 구축 및 운영에 필요한 행정적 · 재정적 지원, 중소기업, 연구 기관 등의 인공지능 데이터 센터 이용 지원, 인공지능 데이터 센터 등 인공지능 관련 인프라 시설의 지역별 균형 발전을 위한 지원이 주요 내용이다.

인공지능 학습용 데이터

「인공지능기본법」은 인공지능 학습용 데이터를 '인공지능의 개발 · 활용 등에 사용되는 데이터'로 정의하고, 관련 시책의 수립 등(제15조)을 규정하고 있는데 주요 내용은 다음과 같다. 첫째, 과학기술정보통신부장관은 관계 중앙 행정 기관의 장과 협의해 학습용 데이터의 생산 · 수집 · 관리 · 유통 및 활용 등을 촉진하기 위해 필요한 시책을 추진해야 한다.

둘째, 정부는 학습용 데이터의 생산 · 수집 · 관리 · 유통 및 활용 등에 관한 시책을 효율적으로 추진하기 위해 지원 대상 사업을 선정하고, 예산의 범위에서 지원할 수 있다.

셋째, 정부는 학습용 데이터의 생산 · 수집 · 관리 · 유통 및 활용의 활성화 등을 위해 다양한 학습용 데이터를 제작 · 생산해 제공하는 사업(학습용 데이터 구축 사업)을 시행할 수 있다.

넷째, 과학기술정보통신부장관은 학습용 데이터 구축 사업의 효율적 수행을 위해 학습용 데이터를 통합적으로 제공 · 관리할 수 있는 시스템(통합 제공 시스템)을 구축 · 관리하고, 민간이 자유롭게 이용할 수 있도록 제공해야 한다.

다섯째, 과학기술정보통신부장관은 통합 제공 시스템을 이용하는 자에 대해 비용을 징수할 수 있다.

여섯째, 그 밖에 지원 대상 사업의 선정 및 지원, 학습용 데이터 구축 사업의 시행, 통합 제공 시스템의 구축·관리 및 비용의 징수 등에 필요한 사항은 대통령령으로 정한다.

인공지능 발전을 위한 학습용 데이터의 역할을 감안하면 고품질 대량 데이터 확보와 유통 활성화 중요성은 더 강화될 전망이다.

참고문헌

과학기술정보통신부(2022.4.20). 「데이터 산업진흥 및 이용촉진에 관한 기본법」, https://www.data1window.kr/dbPcyEvlSys/detail?pstSn=72

과학기술정보통신부(2025.3.27). 「지능정보화 기본법」, https://www.law.go.kr/%EB%B2%95%EB%A0%B9/%EC%A7%80%EB%8A%A5%EC%A0%95%EB%B3%B4%ED%99%94%EA%B8%B0%EB%B3%B8%EB%B2%95

국가법령정보센터, https://www.law.go.kr/

국회 과학기술정보방송통신위원장(2024). "인공지능 발전과 신뢰 기반 조성 등에 관한 기본법안(대안)".

국회 의안정보시스템, https://likms.assembly.go.kr/bill/main.do

정용찬(2025). 《인공지능 산업》. 커뮤니케이션북스.

Wikipedia. 항목 'Generative artificial intelligence',

https://en.wikipedia.org/wiki/Generative_artificial_intellige
nce

정용찬

홍익대학교 교양과 교수, OECD 인공지능지수 전문가그룹(Expert Group on OECD AI Index) 위원이다. 현재 공공데이터전략위원회 AI데이터 활용 전문위원회 위원, 국무총리직속 사회보장위원회 행정데이터전문위원회 위원이며 방송통신위원회 미디어다양성위원회 위원, 한국언론학회 미디어데이터사이언스연구회 회장, 한국통계학회 국가통계연구회 부회장이다. 정보통신정책연구원 ICT데이터사이언스연구본부장, AI데이터융합연구실장, 미래예측분석센터장, 국가통계위원회 데이터분과위원, OECD 디지털경제정책위원회 디지털경제측정분석작업반 부의장, 고려대학교 정책대학원 데이터통계학과 겸임교수를 역임했다. 한국국방연구원 선임연구원, DNI컨설팅 이사, 방송위원회 연구센터 연구위원으로 일했다. 문화체육관광부, 한국언론진흥재단, 한국방송광고진흥공사, 영화진흥위원회, 지능정보화진흥원, 한국인터넷진흥원, 한국콘텐츠진흥원, 출판문화산업진흥원 자문위원으로 활동했다. 고려대학교에서 통계학 학·석·박사학위를 받았다. 저서로 《미디어 데이터 사이언스의 이해》(2025), 《인공지능 산업》(2025), 《인공지능 산업》(2025), 《AI Index, 인공지능 지수》(2025), 《마이데이터와 법》(공저, 2022), 《데이터법 이해》(2021), 《인공지능 알고리듬의 이해》(2020), 《통계법의 이해》(2019), 《생각이 크는 인문학 15. 빅데이터》(2018), 《빅데이터》(2013), 역서로 《인공지능 아는 척하기》(2021)가 있다. 연구보고서 “ICT데이터플랫폼 구축운영사업(2024)”, “데이터기반 미래예측·정책지원 모델연구 IV(2023)”, “데이터 경제와 데이터 중립성(2022)”, “미중 데이터 패권경쟁과 대응전략(2021)”이 있다.